借金から**楽しく**
抜け出そう!

- Getting Out of Debt Joyfully -

シモーン・ミラサス 著

日本語訳
芦田奈緒・三津谷桂子

借金から楽しく抜け出そう! Getting Out of Debt Joyfully
Copyright©2016 シモーン・ミラサス

日本語訳
第1部　芦田奈緒
第2部　三津谷桂子
第3部　芦田奈緒
第4部　三津谷桂子

日本語第1版　2018年6月14日
ISBN #: 978-1-63493-190-8

出版元
Access Consciousness Publishing, LLC
www.accessconsciousnesspublishing.com
Printed in the United States of America
Ease, Joy & Glory

この本の原書はクイーンズ・イングリッシュで書かれています。
（結局私はオーストラリア人なのよね！）

謝辞

この地球上で私が出会った全ての人々と、これから出会う人々に感謝を。

ギャリー＆デーン、アクセス・コンシャスネスの素晴らしいツールとあなた方との友情、そして何でも可能なのだと私を力づけてくれるお二人に感謝を。

私のPR担当をしてくれているジャスティーン、イマイチな結果が出たとき「心配しないで、いいネタになるわよ!」と常に言ってくれるあなたに感謝を。

モイラ、「ブリスベンとサンシャイン・コーストの両方にどうして家を持たないの?」という問いかけで、私のパラダイムを変えてくれたあなたに感謝を。

ブレンドン、私の楽しいパートナーでいてくれること、毎日のインスピレーションであり、常に私を見てくれていて、私たちのクリエイションについてのCFO(最高財務責任者)でいてくれるあなたに感謝を。

レベッカ、アマンダ、マーニー、あなた方の助け無しには、この本を創造することができませんでした。ありがとう。

ジョイ・オブ・ビジネスとアクセス・コンシャスネス、私の味方でいてくれてありがとう。素晴らしくクリエイティブで、とても楽しい遊び・仕事相手になってくれて、ありがとう!

スティーブ＆チュティサ、Financial 101 を共に創造できた時間の全てに感謝しています。

クリス、チュティサ、スティーブ、ブレンドン、ギャリー、デーン、これまでとは異なる可能性が常に存在するのだと人々に示してくれる、あなた方の変化の物語に感謝しています。

諦めないで、止めないで。創造し続けて。そして、あらゆることが可能なのだと知ってください。

www.gettingoutofdebtjoyfully.com

はじめに

　私は18万7千ドルの借金を抱えて初めて、自分の経済的現実を変化させることを厭わない自分になりました。18万7千ドルとは本当に多額のお金でどんな努力をしても追いつきませんでした。当時の私は様々な仕事をたくさん抱え、世界を飛び回って新しいビジネスを始め、とても楽しんでいました。ただ、お金を稼いではいたけれど、家も無ければ投資もしておらず、実際にどれだけの借金を抱えているのかという気付きも持っていませんでした。実際、私は借金を直視することを避けていたのです。そして心の奥深くでは、「その時はその時よね。放っておけば、なんとかなるかもしれない」と思っていました。

　アクセス・コンシャスネス™の創設者であるギャリー・ダグラスに出会ったのは2002年7月のことです。（私が現在、ワールド・ワイド・コーディネーターを務めている会社です）マインド・ボディ・スピリット・フェスタで、「グッド・バイブス・フォー・ユー」という当時のビジネスで私がブースを出展していたときにギャリーと出会いました。友人がギャリーをブースに連れてきたのです。最初の挨拶で私にハグをしたギャリーは、それを即座に押しのけた私にこう言いました。「あのさ、もっと受け取ることにオープンになれば、君はもっと上手くいくようになるだろう。そうすれば、もっとハッピーになって、もっとお金を稼ぐようになるよ」私は全く意味がわかりませんでした。この人は狂ってる！受け取るって何よ？　どういうこと？　それまでの私は、与えて、与えて、与えなくてはならないと思っていたからです。そうすれば人生が良くなると思っていました。「受け取る」なんてことを口にする人は、誰一人としていませんでした！自分がこの地球に存在するのは「与える」ためだと私は思っていたのです。

　そのイベントで、私はギャリーの講演を聞きに行きました。トピックはリレーションシップ、人間関係に関するもので、リアルで、悪態をつき、不適切で、面白いギャリーがそこにいました。そして彼が言わなかったことがあります。「これをするべきだ」「これをやってはいけない」ということ。「あなたにとって上手くいくものを選べばいい。こうするべきだ、こうなるべきだと他人が思うこと

をやったり、そうなったりする必要はない。あなたにとっての真実はあなたにしかわからない。他の誰にもわからないんだ」こう言ってくれたのは、彼が初めてでした。これは完全に異なる視点であり、完全に＊エンパワリングな観点でした。私の興味がそそられたのは言うまでもありません。

（＊訳注 エンパワリング：自分の本来の力が引き出されるような、力づけられるような、という意味）

アクセス・コンシャスネスのツールをたくさん使い始めた私は、自分の人生が奇跡のように変化し始めたことに気付きました。今まで以上にハッピーになり、人生のあらゆることがもっと簡単に、喜びに溢れたものとなっていきました。

ギャリーと、彼のビジネス・パートナーである Dr. デーン・ヒアーがアクセス・コンシャスネスのお金に関するツールについて話をしているのを何度か聞いたことはありましたが、正直なところ、私はそれをあまり取り入れておらず、大して意識もしていませんでした。アクセスのクラスを3回目に受講して初めて、彼らがお金について話すことや、経済状況を変化させるためのツールを私はついに取り入れ始めました。「これらのツールを実際に使えば、何が起こるのだろう？」アクセスのツールを使った人生の側面が全て変化している・・・ということは、私のお金の状況も変えられるかもしれない？！

ツールを使うことにしたとは誰にも言いませんでした。禁煙をしたときと同様のことが起こるだろうと思ったのです。当時、私をサポートしてくれる人は誰もいませんでした。そんな訳ですから、多額のお金を作ろうとするのをサポートしてくれる人が一体何人いるというのでしょう？ 誰にも言わずにお金のツールを使い始めると、お金の状況が急速に変化しはじめました。どこからともなくお金が現れるようになり、私はお金を受け取ることにダイナミックなまでに意欲的になりました。お金が入ってくればすぐに使う方法を探して支払いに使うよりも、実際にお金を持つことができるまでになりました。うーーん、再び「受け取る」という言葉が出てきましたね。もしかすると、受け取ることにオープンになるようにとギャリーが私に提案したとき、彼はもう既に何かを知っていたのかもしれません！

それから２年も経たないうちに、私は借金から抜け出していました。

借金から自由になれるって素晴らしい気分よ！と私が言うことを皆さんは期待しているかもしれません。でもそうではありませんでした。私は借金を持っていないことに違和感がありました。借金から抜け出した状態よりも、借金を抱えている方に居心地の良さを感じていたのです！　それは、借金を抱えた状態の方が自分にとって馴染みがあったから、だと言えます。また、借金のエナジーは私の大多数の友人のエナジーと一致していました。そして借金のエナジーは「人はお金に苦労するものだ」という、この現実のエナジーと絶対的に完全に一致していました。一般的なビリーフとして「お金のためには一生懸命働かなくてはならない」という考えがあり、お金は、安らぎ、喜び、豊かさと共に現れるはずがないと捉えられています。そのような観点から考えると、その後間も無く（約２週間後）私が再び借金を作ったことはさほど驚くほどのものでもないでしょう。幸運なことに、私は自分が一体何をやっているのか、進んで気付こうとしていました。自分が何を創造しているのかに気付きを持つことを選択しました。そして、アクセスで学んだツールを使って、私はお金の状況をついに大きく変化させることができたのです。

借金を選んでいた私が、進んでお金を持とうとするスペースから機能するようになり、「お金を使う」ことが人生と生活を広げるための喜びに満ちた貢献へと変化したクリアリング・プロセスやツールをこの本でご紹介していきます。これは、あなたにとって喜びとなり、あなたにとって上手くいく経済的現実を創造するための本です。そのような現実を手に入れたいのであれば、自分自身に容赦なく正直であろうとすること、そして、これまでとは異なる選択をすることを厭わないこと。実際に自分は何を選びたいのかをしっかりと明確にしなくてはなりません。なぜなら、人生に現れる全てを創造しているのは、あなた自身だからです。

「あなたは何でも変えられる！」なんて、陳腐な言葉を並べているだけだろう、と思うのは簡単かもしれません。これを軽く扱い、無視したくなる衝動に駆られたかもしれません。でも、私の提案を別の角度からもう一度見てみてください。あなたが心から気に入り、あなたにとって本当に上手くいく経済的現実

を創造したいのなら、変化させられるのは自分だけだと認めなくてはなりません。他の誰でもなく、あなたなのです。これは、あなたが世界で独りぼっちであり、誰も何もあなたを助けたり、貢献になったりしてくれない、ということではありません。あなたの人生に現れる全てがそこに存在するのは、それが存在するようにとあなたが創造したからなのだと認めようとしなくてはならないのです。ほとんどの人がこの話に耳を傾けたがりません。この話を聞き入れてしまうと、自分の人生に存在する気に入らないものを今まで以上にジャッジしなくてはならなくなるからです。どうかお願いですからジャッジしないでください！ 自分をジャッジしないでください！ あなたは悪くないのです。あなたという人は、素晴らしくて、驚異的な創造主であり、クリエイターです。自分の現実全体の創造主は自分なのだと気付くことはエンパワリングです。だって、あなたが創造したのなら、全てを創造したのなら、全てを変化させることもできるからです。それは必ずしもあなたが思うように困難で不可能ではありません。しかしながら、自分自身のお金の世界に何を一体創造したいのかを明確にしなくてはなりません。そして、それが創造するための助けとなるツールを使うのです。だからこそ、私はこの本を書きました。あなたにツールと問いかけを与え、強く願うものを創造するスペースへとあなたを招き入れるために。

もし何でも変化させられるとしたら、自分のお金の世界に何でも創り出せるとしたら、あなたは何を選びますか？

特記：本書の全てのツールはアクセス・コンシャスネスのツールであり、物語は私のものです。常に貢献であり、際限のない変化の源であるギャリー・ダグラスと Dr. デーン・ヒアーに多大なる感謝を。

目次

第1部

新しい経済的現実
入門編

第1章

お金たるものとは？

　もしあなたが、お金の問題を手っ取り早く解決するその場しのぎの方法を求めているのなら、この本はそのためのものではありません。

　もしあなたが、ライフスタイル、現実、お金に関する未来をまるごと変化させるための観点やツールにつながる何かを求めているのなら、そして、自分自身に少なくとも１２ヶ月間の猶予を与えてください。その期間に何が創造されるのか、見てみることを厭わないのであれば、この本はあなたにとって大きな貢献となるでしょう。

　ぜひ皆さんにわかっていただきたいのは、あなた自身が、人生にお金を創造する源であるということ。自分の全てに進んでなろうとするとき、お金も含め、あなたは人生の全てが生み出される無限の創造源となるのです。あなたは制限のない能力（そして、ほとんどアクセスされたことのない能力）を持っています。それは、あなたにとって上手くいく経済的現実を創造するための能力です。ここでの問題は、ほとんどの私たちにとって、お金について教えられてきたことの多くが全くの真実ではないということ。この社会通念や誤解を紐解き、これまでとは異なる観点で遊び、それらとシンプルで実践的なツールを結びつけ始めれば、お金の世界にダイナミックな変化を創ることがとても容易になり、喜びに溢れたものとなるでしょう。

　もしお金というものが、これまでにあなたが鵜呑みにしてきたことや、言われてきたこと、誰かに信じ込ませてきたこと、教えられてきたことではなかったとしたら？　あなたが好奇心、問いかけ、遊び心を持とうとすること、そして行き当たりばったりで、予期していなかった、想定していなかったものを受け取ろうとすることで、これまでに想像したこともなかったほど多額のお金を稼ぐことができたとしたら？

あなたは、たくさんのお金がある人生と生活を創造する冒険に出ることを厭わない？ それは真実？ 「はい」と答えましたか？ そうであれば、早速始めていきましょう！

あなたが現れるだろうと思うかたちでは絶対に現れることはない またの名を「原因と結果の虚構」

ほとんどの人はファイナンスとお金が直線的なものだと信じています。私たちは何度もこう言われてきました。「お金を稼ぐにはＡになること、そしてＡをやって、それからＢで次にＣ」私たちはこのようなマインドセットで生き、たくさんのお金を稼ぐ完璧な方程式を常に探し求めることに時間を費やしています。そして特定の何か（例えば一生懸命に長時間働き、遺産を引き継ぎ、宝くじに当たることなど）を行う結果としてのみ現れるものとして、お金を見つめ続けています。でも、お金を創造することが必ずしも原因と結果のパラダイムではなかったとしたら？ お金というものが、あらゆる方法で、あらゆる場所から現れるものだとしたら？

経済的現実を変化させると、私はとっても奇妙な場所からお金を現せるようになりました。お金をもらうことや簡単にお金が稼げるような一風変わった仕事が出てきたのです。そしてまた、様々なものが現れたときに、気付き、受け取ることが随分と簡単になりました。だってその時点で「私のためにお金が現れるにはどんな無数の方法がある？」と問いかけていたからです。私はどんなことでもやるつもりでしたし、人生に何かを加えられるような仕事、私の経済的現実が拡がるような仕事は何でもやるつもりでした。私は可能性やお金を拒絶しませんでした。むしろ「どのようになるだろう？」というポイント・オブ・ビューなしに心を開きました。こうすることで、私の人生に貢献してくれるものを現すことができるようになりました。もし私が、お金というものは「ＡからＢ、ＢからＣ」と直線的にやって来るものだと決めつけていれば、気付くことのできないような方法でお金を現すことができるようになったのです。

お金についての直線的なポイント・オブ・ビューを手放すことで、お金と経済的な現実を永遠に変化させられる変な人になれたとしたら、どうでしょう？

無限の収入源を持つことができたとしたら？　他の誰にもできないような方法でお金を創造することができたとしたら？　「お金はこう現れるだろう」と算出、定義、計算しなくてはならない必要性を断ち切り、行き当たりばったりで、魔法のようで、奇跡のようにお金が現れることに許可を出しますか？それがどのような姿で現れたとしても？　たとえ、これまでに考えてきたようなどんな方法とも完全に違っていたとしても？

『物事が現れるよう求めるのをやめて、
ユニバースの仕事はユニバースにさせよう！』

むかしむかし、私はちょっとしたヒッピーでした。スピリチュアルなものが大好きで、満月の時にクリスタルを浄化するのを忘れてしまう自分に腹を立てていました。人生で何を『* マニフェスト』したいのかを友達とよく話したものです。
　（* 訳注　マニフェスト：ここでのマニフェストとは、何かを現すことを意味します。日本語で使われる、選挙の際に使われる公約とは別です。）

ギャリーと出会ったとき、彼がこう言ったのです。そのときの私の驚きを想像してみてください。
　「マニフェスティングとは物事がどのように現れるかを指している。そして物事をどのように現すのかはユニバースの仕事だ。あなたの仕事は実現させること。つまり、求め、それがどのように現れようとも進んで受け取ることがあなたの仕事だ」

混乱しました？　オーケー、ではもう少し詳しく見ていきましょう。マニフェストとは物事がいかに現れるかを指します。「私はこれをマニフェストしたい」とユニバースに言うと「私はこれをいかに現したい」と言っていることになるのです。これでは意味がわかりませんね。分かりづらくて明確ではないので、ユニバースも届けることができません。ユニバースはあなたに貢献したいと強く願っているので、あなたは何でも求められます！でも求めるときには、明確に求め、人生に何かが現れることを求めてください。どのように現れるかを求めるのではなく。こう求めましょう。「これが現れるには？　これを今すぐ

私の人生に実現するには？」基本的に、ユニバースに助けを求めたいときには、あなたが欲しい何かを求めてください。どのようにしてそれが欲しいのかではなく。つまりそれは、物事を「マニフェスト」したいと求めるのをやめるということです。あなたとユニバースとの間にクリアーなスペースを広げましょう。物事が実現し、あなたの人生に現れるよう求め始めましょう。そして、「どのように」の部分はユニバースに任せるのです。

　人生に物事が「どのように」現れるかを操作しようとすることで、どれだけの時間を無駄にしていますか？

　物事を順序立てようと努力したり、特定の結果が生まれるようにコントロールしようとしたりして、どれだけの時間と自分のエナジーを無駄にしていますか？　求め、求めたことを認識することを厭わず、受け取れるときに受け取るよりも、「どのように」「いつ」起きるかを必死に考え出そうとすることにどれだけの時間を費やしていますか？　ユニバースにはマニフェストのための無限の能力があり、そのマニフェストはあなたが予測するよりも大抵の場合もっと壮大で、もっと魔法のような方法で現れます。物事はこのようにして現れなければならないという考察の全てを断ち切り、ユニバースを邪魔することなく仕事させますか？　あなたはただ、受け取り、自分へのジャッジメントを止めれば良いのです。

　コントロールや予測しようとして、どのように（そして、いつ）お金が現れるのかをあれこれ考えるのを止め、進んで実現しようとしなくてはなりません。より大きな安らぎを実現するには、思考の妨げを取り除き、ユニバースがあなたにギフトしたがっている無数の機会にオープンにならなくてはなりません。そうすれば、それがやってきても逃すことはありません。

　あなたが強く望む何かを創造する際に、ユニバースには時としてあれこれ調整しなくてはならないことがあります。あなたが望む何かの実現化は直ぐには起きないかもしれませんが、だからといって、何も起きていないわけではありません！実現しない、無理だ、とジャッジしないでください。また自分は何か間違ったことをしているとジャッジしないでください。そうしたジャッジメ

ントを断ち切らなければ、強く望み、求めた時からあなたが始めてきたことを
ストップさせてしまうことになります。気を長くしていてください。そして、未
来の可能性を制限しないでください。

　忘れないで「自分自身には強い要求 (demand) を、ユニバースには依頼
(request) を」

『お金はただの現金だけではない』

　ギャリーは、彼のお金のクラスにやって来たある女性の話をよくします。ク
ラスが終わって数週間後、彼女がどうしているかと思って電話をしてみると、
彼女はこう言ったそうです。「何も変化していないわ。私には効果がなかった！」
なぜそう思うのかとギャリーは尋ねました。「だって、私の銀行の残高が以前
と同じままなんだもの」彼女は言いました。ギャリーが他に最近はどんなこと
が起きたのかを聞いてみると、彼女はこう言いました。「そうね、友人が新し
い車を買ったので、それまでに乗っていた車を私にタダでくれたわ。別の友
達は、クローゼットにある、一度も袖を通したことのない全てのブランド服を
くれたの。もういらないんですって。そして、今はビーチ沿いのとっても素敵
なコンドミニアムに無料で住んでいるの。その友達が６ヶ月海外に行ってい
るから」ギャリーは彼女に言いました。「君は新しい車、あたらしいワードロー
ブを手に入れ、そして素晴らしい場所に住むようになった。それでも、何も
変化がないと言うのか！　この数週間で何千ドルもの価値があるものを受け
取っているじゃないか！　それの一体どこが『お金が増えていない』になるん
だ？」この女性は、銀行にある現金だけがお金だとしか見ていませんでした。
でも、車を買うのに、クローゼットをブランド服でいっぱいにするのに、彼女
が住んでいる場所の家賃を払うのに、実際どれだけのお金を要するというの
でしょう？

　お金やキャッシュフローがあなたの人生に入ってくる道筋は数え切れないほ
どありますが、それらを認めようとせずに、こういう風でなくてはならないと思っ
ていると、実際に変化を起こしているのに、自分は何も変化させていないと
思ってしまうのです。あなたの人生にお金が現れる全ての方法、そしてより多

く現れる方法の全てを手にすることを厭わないとしたら？

　予測すること、コントロールすること、努力することをやめ、経済的現実として手に入れたいとあなたが真に強く望む何かを求める旅路に出ることを厭いませんか？　そして、今のあなたが想像もできないような方法で求めたものが現れる冒険を受け取りますか？

　もしそうであれば、お金を創造するときに重要となる、もうひとつのツールを見ていきましょう。「求めれば、受け取れる」です。

求めれば、受け取れる

　お金についてのジャッジメントや意見を常に持っていても、お金について問いかける人はほとんどいません。

　もしあなたが、この地球の他の人たちと同様であれば、自分が持っているお金、持っていないお金の額で自分をジャッジする傾向があるでしょう。ここで面白いのは、お金をたくさん持っていても、少ししか持っていなくても、ほとんどの人がお金へのジャッジメントを数え切れないほど持っているということ。銀行口座の残高がどれだけあるのかに関わらず、お金に安らぎと平穏さ、豊かさを感じている人はほとんどいません。「求めれば、受け取れる」このフレーズを聞いたことがあるかもしれません。本当の意味であなたはお金を求めたことはありますか？　そして、本当の意味で、進んで受け取ろうとしたことはありますか？　受け取るとは、ただシンプルに、あなたの人生にやって来る何かについて、無限の可能性を進んで持とうとすること。何が、どこで、いつ、どのように現れようと何のポイント・オブ・ビューも持たずにいることです。お金を受け取る能力が開花するのは、あなたがお金へのジャッジメントをなくし、お金にまつわる自分へのジャッジメントをなくしたときなのです。

　あなたが本当に自分の経済的現実を変えたいのであれば、ジャッジメントを断ち切ることが変化の過程においての主要なステップとなるでしょう。世界で言われていることとは対照的に、ジャッジメントがあなたの人生を創り

出すことはありません。ジャッジメントは、正しい・間違っている、良い・悪い、迎合・同意、抵抗・反応という二極化の世界にあなたを捕らえ続けます。ジャッジメントからは、自由や選択、限られた範囲外の可能性が得られません。ジャッジメントはあなたが求めることにストップをかけ、あなたが受け取ることにストップをかけます。では、そんなときに効果のある特効薬は？　選択です。ジャッジメントがやってきたその瞬間に、ジャッジメントを自分で止める選択をしなくてはなりません。そして、もうジャッジしない、もう制限された思考や結論に向かわない、と自分自身に強く要求しなくてはなりません。そして、問いかけるのです。

　では少し、お金に関する直線的な概念について話を戻しましょう。お金はある特定の方法でしか現れないという考え、感覚、ジャッジメント、結論を信じていると、それ以外の方法で現れることはありません。「そんなの無理だ」と決めつけている、ジャッジメントの一つひとつによって、あなたは自分を盲目にして、その制限された視点以外の可能性を締め出してしまうのです。ちょうどギャリーが話していた、あの女性のように。彼女は多額のお金と同様の価値があるものを人生に創り出していたのに、銀行口座の残高に変化がなかったからという理由で、何も変化が起きていないと決めつけました。お金にまつわるジャッジメントを手放すことを厭わなければ、それ以前には不可能だと思っていたことにも可能性を見出せるようになり、より多くが自分に向かってやって来るよう招くことができるのです。

　そして、お金を人生に招き入れる最もシンプルな方法の一つが、求めること！　大抵の場合、人は何かを求めることが得意ではないようです。小さい子どもを見てみてください。子どもは、生れながらに好奇心旺盛で、知りたがり屋で、たくさんの質問をします。そして多くの場合、嫌がられます。

　私が子どもの頃、夕食のときにビジネスやお金の話をするのを母親に嫌がられたものです。夕食時にそんな話をするのはマナーが悪いことだと母は信じてきたからです。私はいつもビジネスやお金に興味がありました。父と兄は会計士で、二人はビジネスが大好きです。特に夕食時であれば皆が揃うので、私はたくさん質問をしたかったのですが、マナーが良いことだと思われて

いなかったのでそのように質問することが許されませんでした。

お金の話をするのは適切ではない、品がないと教えられてきましたか？お金についての質問をすることはダメなことだと教えられてきましたか？　そもそも、質問をすること自体、良くないことだと言われてきましたか？

私の知っている人の中に、小さい頃からその好奇心を批判されてきたことのある人がたくさんいます。ある友人はたくさん質問をしすぎるからという理由で母親から口にテープを貼り付けられたのです！　別の友人は、子どもの頃に質問をする度にこう言われたそうですよ。「好奇心が猫を殺したわ。好奇心にお願いして、あなたを殺してもらおうかしら？」

実際のところ、頑張って努力していたり、求めるに値すると証明できたりするなど、もっともな理由や正当性がない限り、この地球上にいるほとんどの人はお金を求めること、何かを求めることは、良くないことだと教えられてきています。

何年も前、私にとってお金を持つ素晴らしい理由とはこのようなものでした。「私はたくさんのお金を持つべきだわ。だって、そのお金で素晴らしいことをするんだもの。私は人々を助けるためにお金を使うの」こうした考えには本質的には何の問題もないのですが、私は自分に入ってくるお金を自分の人生への貢献とすることができなかったのです。助けようと思っている人々の中に、私は自分を含んでいませんでした。これはつまり、お金を受け取るたびに、それを自分の元から一掃しなくてはならない、ということです。自分のためにお金を持ち、そのお金を自分への直接的な貢献とすることができていませんでした。だって、他人をいつも助けなければならなかったからです。とてもおもしろいことに、お金を持つことを自分自身に許し、本当の意味でお金を持つことや、お金に貢献してもらう許可を出し、お金を楽しみ、自分自身であることを楽しみ始めたとたん、他の人に貢献するための私の能力が拡大し、格段に拡がり続けているのです。

つまりこういうことです。お金にはポイント・オブ・ビューがありません。「お前はいい子にしていたから、もっとお金を持っていいよ」「お前は悪い子にし

ていたから、お金はナシ!」なんてことを言う倫理基準がお金にはありません。お金はジャッジしないのです。お金は、求める人の目の前に現れ、受け取ることをいとわない人の目の前に現れます。

　世界を見渡してみてください。お金持ちの優しい人もいれば意地悪な人もいる。そして、お金を持っていない優しい人もいるし、意地悪な人もいることに気付きましたか?

　自分はいい人間なのか、悪い人間なのか、お金を受け取るに値するかを証明しなくても良いのです。お金を受け取るに値するかどうかジャッジすることを止めなくてはなりません。そして、お金を求めるのです。だって、求めることができるのだから。お金を求めてください。だって、お金を持つことは楽しいのだから!

　お金があれば、お金がないよりも人生がもっと楽しくなるかもしれないという理由だけで、お金を求めても良いのだとしたら?　もしあなたの人生の目的が楽しむことだったとしたら?　あなたはどうしますか?

お金は喜びの後について来る。その逆ではなく。

　「どうすればもっとお金を創れるのか?」たくさんの人たちが私に聞いてきます。毎週、毎月、一定額の賃金を稼ぐ人たちから、毎週、毎月、額に変動はありつつも様々な方法でお金を自分の元にもたらしている人たちまで、私はいろんな人たちと話をします。一人ひとりの状況に関係なく私が彼らに伝えるのは、更なるお金を人生にもたらすのは、その人が創り出す生成的なエナジーだということ。

　Dr. デーン・ヒアーがもっとシンプルでエレガントに表現してくれています。『お金は喜びの後をついて来る。喜びはお金の後について来ない。』時々人がこう言うのを聞いたことがあります。「○○○○くらいの額のお金があれば、私はハッピーになって平穏を得られて、安らぎが得られるだろう」朝に目が覚めて、ただハッピーになれたとしたら?　ただ平穏さが得られて、ただ安らぎ

が得られるとしたら？　今この瞬間から、別のエナジーになることを始めてみたとしたら？　あなたの人生にお金を招き入れるような種類のエナジーに今すぐなれるとしたら？

『もしあなたの人生がパーティーなら、
お金はあなたのパーティーに来たがるでしょうか？』

　今のあなたの人生がパーティーだとしたら、お金にとってはどのような招待状になっているでしょうか？

　「そうね・・・私はパーティーをしているけれど、楽しんでいないわ。美味しい食事やドリンクもなく、素敵な洋服も着ていない。あなたがやって来たら、私はきっと文句を言うと思う。あなたは私にとって十分じゃないの、長い間側にいてくれたことがない。そして、あなたを考えるたびにどれだけ腹が立ってくることか。そしてあなたが立ち去った後、私はそのこともジャッジすると思う。あなたが来てくれたことに感謝する代わりにね。私は陰でずっとあなたの文句を言い続けるわ」

　もしあなたがそんなパーティーへの招待状を受け取ったら、行きたいと思うでしょうか？

　では、次のようなパーティーはどうでしょう？　主催者があなたにこんな言葉をかけます。「ワオ！　あなたが来てくれて本当に嬉しいわ。来てくれてありがとう！」そこでは美味しい食事が用意され、素敵なシャンパンに音楽、集まる人々が本当に楽しんで過ごし、あなたと一緒にいることも楽しんでいます。あなたが帰らなくてはならない時間になっても、誰もあなたをジャッジせず「またいつでも来てね」「あなたが好きなだけたくさんの友達を連れて来てね」と声をかけてくれます。そんなパーティーの方が、お金も参加したがると思いませんか？

　もしあなたが今日から祝福 - セレブレーション - としての人生を生き始めたとしたら？　お金が現れるのを待たずにいたら？　今この瞬間から、自分に喜

びをもたらす何かを行い、そんな自分になることを始めたとしたら？

「何があなたに喜びをもたらす？」

　楽しんでいるときに創り出すエナジー、自分の好きなことに完全にハッピーで熱中しているときのエナジーは、何かを生み出すような生成的なエナジーです。そのエナジーをどのように創り出すのかは問題ではありませんし、現在あなたがお金を稼ぐためにしている何かと直接関係している必要もありません。（覚えていますか、直線性と原因と結果は手放しましたね）生成的なエナジー（喜びのエナジー）は、あなたがそのエナジーをいつ、どのように、どこで、なぜ創り出したのか、何と共に創り出したのかに関係なく、あなたの人生とあなたのビジネスへの貢献となります。

　「何があなたに喜びをもたらしますか？」私たちはこのように尋ねられることがあまりなく、楽しいからという理由でお金を稼げるような、数え切れないほどの方法を模索することもありません。ですから、自分にとって喜びをもたらすものは何なのかを明確にするまでに少し時間がかかるかもしれません。それでもあなたは、何が自分に喜びをもたらすのかを問いかけ始め、それが何であれ選択することを厭いませんか？

　私のパートナーのブレンドンは若くして『tradie』（オーストラリアのスラングで tradesman：職人）になりました。彼はタイル職人でした。ブレンドンは長い間、自分にはタイル貼りしかできないと信じていました。実際にはもっとたくさんの能力を持っていたのに。私たちがデートを始めた頃、彼はタイル職人であることをあまり楽しんでいませんでした。彼が自分で「本当に喜びをもって楽しんでいたことは何だったのか？」を問いかけ、それを選択するスペースを持つよう私は彼に勧めました。そして私はブレンドンと彼の息子を１８ヶ月間、経済的に完全にサポートしました。私には彼の能力が見えていましたし、彼が人生で何をやっていきたいのかを選択するためのスペースを必要としていることも分かっていました。そんな中で彼はより彼自身に近づき、自分は何が得意で、何をすることが楽しいのかに次々と気付き始めました。素晴らしい料理を作ったり、家のリノベーションをデザインしたり実行したり、

株で遊んだり、土地に投資をしたり。もしブレンドンが「自分は残りの人生で
ずっとタイル職人を続けるしかない」という考えに囚われていたら、これだけ
の変化を彼は自分自身に許さなかったでしょう。

　もし、異なる何かを選択するスペースを誰か（自分）に持たせてあげられ
たとしたら？　何歳であろうと、どれだけ時間がかかろうと、どこから始めれ
ば良いのか全く検討がつかない状態であろうとも、これまでとは別の選択を
するスペースを誰かに（自分にさえも）持たせてあげられたとしたら？

　もしあなたが５５歳で、自分に問いかけた後に「私はずっとずっと、本当
にサーカスをやってみたかったんだ」という答えが出れば、サーカスをやっ
てみて!あなたがやりたいことを何でもやってみて欲しいのです。だって、そ
れがもっとたくさんのお金をあなたにもたらすのだから。選択しない理由を正
当化しようとして、何かを創造することは止めましょう。

『あなたの人生はあなたのビジネスであり、
あなたのビジネスはあなたの人生です！』

　ただ楽しみのためだけであれば、あなたは何をすることが好きですか？
それを１日に１時間、週に１日、やってみたとしたら？

　私はこんなことをよく言います。『あなたの人生はあなたのビジネスであり、
あなたのビジネスはあなたの人生です』あなたが実際に何を仕事としている
かに関わらず、生きることのビジネスこそがあなたが本当に営むビジネスだっ
たとしたら？　あなたはどんなエナジーで自分の人生を営んでいますか?あな
たは楽しんでいますか？

　私はよくビーチで犬の散歩を朝にするのですが、毎朝外に出るたびに犬は
生まれて初めて外に出たかのように喜びます。みなぎるエナジーと共に飛び
跳ねて「これは凄い！　最高だ!!」と言わんばかりです。浜辺を走りまわり、
海に飛び込み、とても楽しそうです。私に最もクリエイティブで生成的なアイ
ディアが湧いてくるのは、ビーチを散歩して犬と一緒にいることをただ楽しん

でいるようなときです。喜びのスペースを創り出すことは私たちにとっての貢献なのです。そしてこのことを私たちは十分に認めていません。

どれだけのお金があっても、幸せを創り出すことはできません。幸せとは、あなたが楽しみながら何かをすることで創り出すものです。幸せは、あなたが「あなた」であることで創り出されるのです。ですからぜひ、本当に心からやってみたいことを行い、なりたい自分になることを始めてみてください。ハッピーになることを始めましょう。ただ始めてください。

人生でもっとたくさんのお金を持つことを望むのなら、本当に楽しい時間を過ごす意欲を持つ必要があります。何が何でも、それがどう見えようとも、どのように現れようとも。だって、想像通りに物事が現れることなんて絶対にないのですから。

喜びを手に入れることを厭わない自分でいてください。そしてお金が喜びの後について来ることを許可してください。

お金を重要視することを止める

あなたにとってお金とは？　あなたの人生において、お金にはたくさんの重要性がありますか？　お金に対してどんな感情を持っていますか？　喜び、幸せ、安らぎ？　不安、ストレス、困難？

私たちが重要性を持たせ、意味付けするものは全て自己ジャッジメントの源となります。

何かを重要視すると、それを自分よりも偉大でパワフルにしてしまいます。人生の中で重要なものは全てあなたより力を持つようになり、あなた自身を無力な犠牲者にしてしまいます。重要視している対象があなたよりも偉大で、あなたが無力だということは、実際には真実ではありません。でも、それなしでは生きられないと思うほどに何かを重要にしすぎると、それにしがみつく以外には自分の選択肢がなくなってしまいます。ここでの問題は、何かに頑な

にしがみつくと、人生が枯渇していく、ということです。何かに重要性を持たせると、それを窒息状態にさせて、自分自身をも息苦しくさせて、あらゆる何かがそこで成長し、呼吸し、変化し、拡がるスペースを存在させなくするのです。

またこんなことに気付いたことはありませんか？　何かに意味付けをして、重要にしたり、必要不可欠にしたりすると、それに遊び心を持ち、幸せや安らぎを感じることが実質的に不可能になります。それをさらに創造していくことが難しくなってくるのです。なぜなら、あなたは自分が今持っているものを失わずにいようと必死になるからです。それこそがまさに多くの人がお金に対して持ちがちな執着です。

お金はとても重要視されています。

「お金に重要性を持たない人生を想像してみて」と、あなたに求めることは不可能にも思えますが、少しだけでも見つめてみてください。もしお金が重要でなければ、それによってどれだけの自由が得られるでしょうか？　どれだけたくさんの選択肢が増えますか？　人生のあらゆる側面において、どれだけ軽やかに、ハッピーに感じられるでしょうか？

人生のあらゆる側面を喜びにあふれた祝福として今日から創造していけたとしたら？

何年も前、選べるものは何でも選ぶという考え方に自分が行き詰っていたことに気がつきました。自分には何ができて、何ができないのかの選択を銀行口座の残高に左右させていたのです。アクセス・コンシャスネスのイベントが開催されるコスタリカに行くためのお金を創るために、たくさん問いかけていました。その後間もなく、私は自分が創造した札束を手にしていました。私はお金を手に入れたにも関わらず、そのお金をどうするべきかを心配し、もっとたくさんのお金が現れるかどうかで気を揉んでいました。当時ある人にこう言われたことがあります。「あなたは一体いつになったら、自分よりもお金を重要視することを止めるんだい？」そして自分の手元にある現金に目をやると、

それらが美しくカラフルな紙の束に見えてきました。私が現金を見つめてこう思いました。「ワオ、私は自分にできる選択よりもこの手の中にあるこの紙の方を重要だとしているのかしら？　それって狂ってる!」その後私は、自分よりもお金を重要にしないと、自分自身に向けて強く要求しました。覚えておかなくてはならないのは、お金が創造の源なのではなく、あなたが創造の源なのだということ。あなたの人生を創り出すのは、あなたです!

　喜びに溢れた経済的現実を創造するには、お金についての重要性を持たせると決めた全てを手放し、お金があってもなくても、自分は喜びに溢れてハッピーでいたいと願わなくてはなりません。あなたと遊びたくて仕方がないとお金に思わせるような、そんな人生を創造し始めたとしたら？　そんな人生を安らぎと共に創造するには、お金に関するどんなポイント・オブ・ビューを断ち切る必要がありますか？

第2章

何が借金を変えるのか?

借金についてどんなポイント・オブ・ビューを持っていますか? あなたにとって借金とは、普通のことであり、避けられないもの、回避できないものでしょうか? 借金は悪く、ダメなこと、あるいは必要悪でしょうか? 自分の借金を直視することをあなたは避けていますか? 借金について自分を無知にし続け、いずれどうにかなることを願っていますか?

もし私が「借金もただの選択よ」と言ったとしたら? 借金は良いわけでも、悪いわけでも、正しいわけでも、間違っているわけでもありません。ただの選択です。

これを言うとシンプルすぎるように聞こえるかもしれませんが、借金から脱するためにとても大切でパワフルなツールは『借金とは自分の選択であり、自分が強く望めば変えられるのだと認識すること』です。一旦、借金から抜け出す選択をすれば何でも変化させられます。

私は人にこう言います。「疑いはただの選択。お金はただの選択」でも彼らはそれを知りたがりません。自分の現実として自らが何を創造しているのかを見つめるよりも、多くの人は自分をジャッジする方を好むのです。

「疑いがただの選択なのであれば、私はなぜ疑っているのだろう? どんな間違ったことをしてしまったのだろう? なぜ正しくできないのだろう?」と思うかもしれません。お願いですから、自分をジャッジしたり、責めたり、ダメ出ししたりしないで。あなたがこれまでに行ってきたことや、これまでの在り方のどれひとつとして、間違ったものなどなかったとしたら? それがあったからこそ、今の場所にたどり着き、これまでとは異なる何かを求め、この本を読み、お金に関する別の可能性を求めているわけでしょう? 何か新しい選択をするための完璧なタイミングが今だったとしたら?

今すぐに新しい何かを選択しても良いのですよ。別の何かを選択したその瞬間から、あなたは自分のお金についての現実をシフトさせています。「っていうかさ、何がなんでも、私はこれを変えてみせる！」と自分に言うとき、あなたは借金の色メガネを外して自分を力づけ「他にどんな可能性が？™」「これを変えるには何ができる？」と問いかけているのです。

　人生のどれだけを借金という場所から創り出してきましたか？「これは私には変えられない」というポイント・オブ・ビューで選択する代わりに、こうした問いかけのエナジーに触れてみては？　「もし、何でも選べたとしたら？　自分のために選ぶとしたら？　私は何を創造したいかな？」

　ポイント・オブ・ビューを変えると、現実が変化します。どんなポイント・オブ・ビューが、今のあなたのお金の状況を創造していますか？　そのポイント・オブ・ビューを変化させることを許可したとしたら？それは、これまでとは異なる何かを選ぶ自由をあなたに与えてくれますか？

あなたのポイント・オブ・ビューが、あなたの＜経済的＞現実を創る

　人生において、何がリアルでそうでないかの違いはあなたにとって何でしょう？　それをどのように見るかという、あなたの選択です。今日のこの日まであなたがお金に関して持ち続けてきたポイント・オブ・ビューが、あなたの今のお金の状況を創り出しています。それはあなたにとって機能していますか？

　受胎したその瞬間から、私たちは両親の経済的現実を吸収し、コミュニティー、友達、親戚、友人、先生、文化、そして社会が持つお金についての現実を自分に取り入れています。私たちは常に彼らからポイント・オブ・ビューを投影され、彼らと同じポイント・オブ・ビューを鵜呑みにすることを期待されています。それが真実でリアルで自分に関係あるのかを問いかけることを私たちは教えられてきていません。「そういうものだよ。それがこの状況における現実なんだ」と言われ続けてきましたが、それが真実ではなかったとしたら？

夕食の席でお金の話をするのは適切ではないという家族のポイント・オブ・ビューを鵜呑みにした私は、夕食の席でお金の話をしたがる自分はダメだと思うこともできました。それを止めることもできました。でもそうする代わりに私はこのように捉えたのです。「彼らのポイント・オブ・ビューはただのポイント・オブ・ビューであり、それが私にとってリアルで真実である必要はない」のだと。私のパートナーも私も、夕食時にワイングラスを傾けながらお金の話をすることが大好きです。彼が料理した美味しい食事を楽しみながら「ファイナンシャル101」と自分たちで名付けたものをやっているのです。お金に関して互いにどんなところにいるのかを話し、これまでに考えたこともなかったような「他にどんな可能性が？」というアイディアで遊ぶために、１年後、５年後、１０年後先にはお金で何を創造したいのかを話し合います。私たち二人は楽しみ、たくさんの熱意と喜びを人生に生み出し、すばらしいアイディアを思いつき、新しいターゲットを定めます。もし私が他人のポイント・オブ・ビューを自分の真実として鵜呑みにしていたなら、パートナーと共に楽しんでいる私の現実の素晴らしい部分を創造することなどできなかったでしょう。そしてこれは、私たちの人生と経済的なクリエイションに大きな貢献となってくれているのです。

　お金についての凝り固まったポイント・ビューをほぐし、そして、お金へのジャッジメントが一切なかったとしたら、あなたはどんな経済的現実を創造するでしょうか？　それは頻繁に皆が口にするような、深刻で問題に満ちた経済的現実ですか？　それとも、それとは大きく異なる何かを創り出しますか？

『人生で固形化して重いものがリアルなものだと決めつけましたか？』

　ビジネスを拡大させたいという女性と話をしたのですが、自分の計画を進めてしまうと、生きていくための十分なお金が持てないと彼女は結論付けていました。彼女は、身動きが取れなくなったように感じ、こう言いました。リアルでもなく真実でもないエナジーに基づいて機能しているとわかりつつも、それによって自分を箱の中に閉じ込め続けてきたと。私は彼女にこう尋ねました。「あなたは自分の結論をリアルにしているの？　結論には、私たちがこの

現実に感じる重さがあります。でも、結論には何もなかったとしたら？　結論がただの面白いポイント・オブ・ビューだったとしたら?」

　その女性はこう言いました。「でも、生活のためにお金が必要だというのはリアルなものではないってこと?　食べ物を買うためにお金が必要だというのはリアルじゃないの?　そうしたこと全てがリアルではないと?」

　私はこう言いました。「請求書の支払いをして食べ物を買うためにお金が必要だと皆があなたに言うでしょう。でもそれって結論なの。それはしなくても良いの。破産することもできるし、支払いができなくなる可能性もある。ただ立ち去ってもいいし、友達の家に寄って食事させてもらうこともできるかもしれない。あなたには可能な方法が何百万通りもあるのよ。全く別の何かを創造することを選ぶこともできるわね」本当にこれは選択なのです。あなたには選択肢があります。あなたは何を選びますか?

　何年も前に大変な時期を過ごしていたある日、私は友人に電話をかけました。何が起きているのかを彼に話すと、彼はこう言ったのです。「そうだね、シモーン。でも、それはリアルじゃないんだよ」私はキッチンに立ちすくみ、こう思いました。「これはリアルよ。リアルなの」そして私は笑い出しました。だって、私がどんな場所から機能しているのかを彼に分かってほしがっている自分に気付いたからです。私の結論と制限に迎合、同意してもらい「ねえ、君は正しいよ。それはリアルだよ」って彼に言ってもらいたがっていたのです。

　あなたにとってリアルなものではないのにリアルだと決めつけたものは何ですか?　それをリアルだと決めたのは、なぜですか?　過去にそれを経験したから?　重く実在的で固定化され、リアルに「感じ」るから?　あなたにとっての真実となりうるものが重いレンガのように感じられるでしょうか?　それとも、あなたにとっての真実はより軽く、よりハッピーに感じられるでしょうか?
　レンガの壁や建物のような何か凝固化しているものを見つめてみてください。もっとも凝固化されたものでさえも、99.99％は実際にはスペースであると科学は証明しています。リアルで、凝固化され、固定化されているとあなたが決めたものが実際にはそうではなく、そう見るようにとあなたが教えられ

てきただけだったとしたら？　あなたがリアルだと思う全てが、もしかすると必ずしもそうではないと認識する選択をすれば、何を変化させられるでしょうか？

> 『あらゆるポイント・オブ・ビューに安らぎを創り出す素晴らしい
> ツールは、そのポイント・オブ・ビューをリアルにするよりも、
> 興味深いものとして見ること。』

　アクセス・コンシャスネスの中で私が好きなツールがこれです。次の３日間、湧き上がって来るあらゆる全ての思考、感覚、感情（お金についてだけではなく、全てに関して）に対して「私がこのポイント・オブ・ビューを持っているとは、興味深いポイント・オブ・ビューだな」と言ってみるとしたら？　これを何度か言って、何が変化するかを見てみてください。ではやってみましょう。あなたが今抱えている、お金に関する最も大きな問題とは何でしょう？湧き上がってくる思考やあらゆる感情を捕まえて、こう言いましょう。「私がこのポイント・オブ・ビューを持っているとは、興味深いポイント・オブ・ビューだな」何か変化しましたか？　変化しなければ、もう一度言ってください。そして、もう３回、もう10回言ってみましょう。変化に何か気付きましたか？その思考、感覚、感情を持ち続けることが難しくなってきましたか？それらの実態や固体性が薄れてきましたか？　あらゆるポイント・オブ・ビューをリアルで絶対的なものだと鵜呑みにしなくなり、単に興味深い、面白いものだと見るようになれば、それは軽くなり、あなたのユニバースに与える影響が少なくなります。思考、感覚、感情に対して「私がこのポイント・オブ・ビューを持っているとは、興味深いポイント・オブ・ビューだな」と言えば、それは消え去るか、または変化します。そうなれば、その思考、感覚、感情はあなたにとって真実ではなかったということです。

　では、人生であなたがとても感謝をしている誰かのことを思い浮かべてください。その人たちがあなたの人生に存在しているそのエナジーを掴み、こう言いましょう。「私がこのポイント・オブ・ビューを持っているとは、興味深いポイント・オブ・ビューだな」そのエナジーは消えてなくなりましたか？あるいは、何か他のことが起きましたか？

私たちにとっての真実を認めれば、軽やかで広がりのある感覚が私たちの世界に創り出されます。私たちが何かに対して持つジャッジメントや結論のような真実ではないものは重く、収縮していて、硬い感じがします。「私がこのポイント・オブ・ビューを持っているのは、興味深いポイント・オブ・ビューだな」と言うと、あなたにとっての真実は拡がり、そうではないものは実態が薄れ、消えていきます。

　この本を読み進めるにあたって、また別の方法で「興味深いポイント・オブ・ビュー」を使うこともできます。読み進めるなかでお金に関して湧き上がってくる一つひとつの思考、感覚、感情に対して、そのポイント・オブ・ビューが存在していたことを認めるための時間を少し取ります。そして「興味深いポイント・オブ・ビュー」を使います。自分の経済的状況について、固定化され絶対的だとあなたが思ってきたほとんど全てが、ただ興味深く、全くリアルなものではないことに気付くかもしれません。「興味深いポイント・オブ・ビュー」を使うと、全てが変形自在になります。そのポイント・オブ・ビューを持ち続けたいのか、変えたいのか、全く異なるポイント・オブ・ビューを創造したいのかは、あなたが選べるのです。

　あなたは今日何を創造して、選びたいですか？

借金の快適さを断ち切る

　かつて借金を背負い、返済して、再び借金生活に戻っている人と私はよく話をします。これは私自身も経験したことがあるのですが、最近ある人に出会いました。その人はこう言うのです。「借金を返済して、人生で初めて銀行口座に自分のお金を持ったのに、また $25,000 の借金を背負ってしまったの。これで4回目よ！このパターンの背景には何があるのかしら？　借金生活や返済のためにお金をかき集める苦労は嫌だけど、でも同時に、お金がないからという理由で何かを選ばない制限も嫌なの」

　私は彼女にこう聞きました。「あなたは本当に借金をゼロにする意欲がある？」すると彼女は、「イエス！」と実際には答えられないことに気付きました。

彼女にとっては、借金から抜け出すよりも借金がある方が快適だったのです。私が最初に借金を返済し終えたときも同じでした。あなたもそうかもしれません。最初に借金から抜け出したとき、私は実際がっかりしたのです。こう思いました。「トランペットと花火のお祝いはどこ？　イエーイ!!シモーン!!君は最高だ!!って、言われながら大きな通りをパレードしないの?」ちょっとがっかりでした。自分の人生に借金がないというのは、とても奇妙で馴染みのない感覚でした。これを読んでいる皆さんの何人が似たような感覚を持っていますか？

　借金から抜け出すよりも、借金を背負っている方に居心地の良さを感じる理由はたくさんあります。他の人と同じような自分でいることに慣れているのかもしれないし、背の高いポピー（これはオーストラリアの表現で、真に優秀な人がその才能や功績によって大衆から抜き出て目立つことで怒られたり、攻撃されたり、切り離されたり、批判されたりすること）になりたくないと願ったり、借金やお金の問題を持っていない唯一の存在になることでジャッジされることが嫌なのかもしれません。

　一定額の借金を持ち続ける自分に気付き、それを本当に変えたいのであれば、あなたは勇気を持たなくてはなりません。そして自分が今何を選んでいるのかを直視し、これまでとは異なる選択をすること。お金に関する自由を創造するために、不快感を伴う状態になることを厭いませんか?もしそうであれば、少し奇妙なことをやってみましょう。借金のある状態でいることの何をあなたが実際に愛しているのかを見ていくのです。

『お金がなくて借金がある状態の何をあなたは愛しているの?』

　おかしな質問だと思うかもしれません。でも、こんなのはもう嫌だ!という何かが人生に起きるとき、それを創造することを密かに愛していることに気付いていない場合があります。ここで問いかければ、何に行き詰まり続けているのかを自分で認められるようになります。自分で認めなければ変化させられません。

- その額の借金を負うことの何をあなたは愛していますか？　その額はあなたにとって居心地の良い負債額ですか？　それは制限された経済的現実へとあなたを引き留めていますか？　それがあることで、他人と同じ自分でいられるのですか？

- お金を全く持たないことの何を愛していますか？　お金がないことで、家族の中で目立たずに済んでいる？　お金を持っていれば、家族からお金を要求されると思っていますか？

- お金を全く持たないことを嫌うことの何を愛していますか？　ただそれを変化させるよりも、それを愛することで文句を言う材料が得られたり、それに頼って物語に陥り正当化できたりするからですか？

- お金を全く持たないことを愛することの何を嫌っていますか？　お金を愛することはダメなことだと言われてきましたか？　お金は「諸悪の根源」ですか？　お金を全く持たないという自分の選択をあなたはジャッジしていますか？　自分をジャッジしないこと、そして自分には異なる選択肢があるという可能性に目を向けてみませんか？

- 現在そして未来にさらなるものを創り出せるどんな選択が今日できますか？

　このように問いかけるのはあまり気持ちのよいことではないかもしれません。自分をもっとジャッジしたくなるかもしれません。お願いですから、ジャッジしないでください。借金を背負うことを愛していると自分が決めたような狂った全てを認めることが、それを変化させる鍵だったとしたら？

　それをジャッジメントなしで見つめること、私たちは時々可愛らしいけどあまり賢くないのだと気付くこと、それに、異なる選択ができるのだと認めることで全てを変えられるとしたら？

　これから私のお話をしましょう。私の狂気じみたお金へのポイント・オブ・ビューについてと、借金を使ってお金を持つことを自分で使って遠ざけていた

話です。私は父が大好きです。父は本当に優しい人でした。「家族がきちんと教育を受け、経済的な安定を得るまで自分は死ねない」と父はよく言っていました。男として父がやったことは、妻と子供のために安心と安全を創り出すこと。私は父が大好きだったので、父に死んで欲しくありませんでした。私の母と兄弟たちは経済的に安心し、全員きちんとした教育を受けられましたが、それが唯一手に入れていないのは私でした。そこで私は気付きました。私はお金に関して素晴らしい未来を創り出せる能力を完璧なまでに持っているのに、お金の問題を創り出していたのです。なぜなら「私が借金とお金の問題を抱えている限り、お父さんは死なない」と思っていたからです。ロジカルに考えてみても、かなり狂ったポイント・オブ・ビューですよね。でも、私がやっていたのはそういうことだったのです。ラッキーなことに、その時点で父親はまだ生きていたので父にその話をしました。父はリトアニア語訛りでこう言いました。「あぁ、シモーン。それは馬鹿げているよ。なんてこった」「全くそうね!」と私は言い、その時点から借金の状況を変化させ始めました。そしてまた、私がより大きな経済的現実の中で喜びと幸せが拡がっていくことも目にすることができました。シンプルに言い換えると、私は受け取り始めたのです。

　本当には自分の人生にどうなってほしいのか、あなたはそこに気付くことを厭いませんか?

　借金とお金について、慣れ親しんだ居心地の良い領域を越えた先に行くこと、そしてただ受け身で生きるのではなく、より良い人生を自分で創り出していくことを厭いませんか?

お金を持つことを厭わない

　ある友人が私にこう言ってきたことがあります。「私はお金が全くない状態を創るのがとても得意なの。お金を創造したり、生み出したりすると、豊かな生活というものを勘違いしてしまって、たくさんのお金を使ってしまう。返済しなくてはならない借金がたくさんあるのに、お金を優先していないの。それよりも、より早くお金を使うことが良いことになってしまって、また同じ罠に入ってしまう。これは何なのだろう?どうやったら変えられる?」

このような人はたくさんいます。彼らはお金を持つことよりもお金を使うほうが好きなのです。あなたはお金を持つことを楽しんでいますか？ それとも、人生で最も重要なことがお金を使うことになっていますか？ あなたのお金を使ってしまう誰かにいつも遭遇してしまいますか？ クレジットカードの負債を払い終えて「素晴らしい！また新たに $20,000（あるいは、あなたのカード限度額）が使える！」と思っていますか？

私たちが教えられてきたのは、お金を持つことの価値は使うことだ、または後で使うために貯めることだ、ということです。でも私たちは「お金を持つ」ということをほとんど話題にしません。それによって、私たちの経済的な世界にはどんな違いが生み出されるのでしょうか？

『お金を「持つ」「使う」「貯める」にはそれぞれ違いがある』

ギャリー・ダグラスは、お金を現在持っているかどうかに関わらず、お金を持つ意欲がある人を常に雇うそうです。そういう人たちは（今お金をたくさん持っているかどうかに関わらず）自分でもお金を作り、ビジネスにもお金作りますが、お金を持つ意欲がない人たちはそうではないことをギャリーは知っているのです。

お金を持つことに私が前向きになるまでには少し時間がかかりました。もともとお金を創り出すことは、とても得意でした。お金を失ったビジネスもあれば、お金を稼いだビジネスもありましたが、私はどんな時にもお金を創っていました。借金を抱えていた時でさえも。私にはお金を稼ぐことができたし、貯金することもできたし、そして費やすこともできました。唯一私が進んでやろうとしなかったことは、お金についての教育を自分に与えることでした。「知らぬが仏」だと思っていたのです。馴染みのあるフレーズですか？

一度、友達と一緒に一晩でビジネスを創ったことがありました。グリッタージェルの入った瓶を作り、シドニーのマルディ・グラに売りに行きました。海外に出たいと決めたとき、私はその資金のために一生懸命働き、３つの仕事を抱え、全てのお金を貯金にまわしました。当時はどこへ行くにも、旅が続

けられるようにとあらゆる仕事をしていましたが、それでも私は本当の意味で
お金を持つことを自分に許していなかったのです。

（＊訳注 マルディ・グラ：シドニーで開催されるゲイとレズビアンの祭典）

　私は倹約的ではなく、楽しめる何かにお金を注ぎ込む方です。友達と週末
をメルボルンで過ごすことに NO と言わず、太っ腹になって他の人にご馳走し
てあげることを楽しんでいました。私はお金の状況に文句をいうタイプでもあ
りませんでしたが、それでもまだ私はお金を持つことを自分に許していなかっ
たのです。

では、お金を持つとはどういうこと？

　お金を持つこととは、自分の人生にお金を存在させること。自分は常にお
金を持っていて、お金が人生の拡がりに貢献するような方法で、人生にお金
を存在させることです。お金を重要視することではありません。お金と遊び、
お金に貢献をさせて、それを受け取る意欲を持つことです。

　とても良い例があります。以前の私は、きらびやかなイミテーション・ジュ
エリーをよく身に付けていました。見た目も素敵だし、身に付けるのが楽しかっ
たからです。でも、そうしたアクセサリー類は購入して店を出た途端に、支払っ
た価格の５０％以下の価値に下がってしまいます。ある日私はマベ・パール
でできたネックレスを買いました。この真珠は今では非常に希少価値が高く、
海ではもう採れません。このネックレスは、世界でも非常に珍しく本質的価値
を持っているため、価値が上がり続けるのです。人生でこのネックレスを持
つことは、支払った以上の金銭的な価値があるだけではなく、とても素晴らし
く美しいジュエリーをこの人生に持っていられるということでもあります。この
ネックレスはとても審美的で、身に付けるととても気分が良くなるのです。こ
のエナジーこそが、人生にお金を持つことで創り出されるエナジーです。
　人生でお金を持つことは、ただお金を創造するだけではなく、絶対に使わ
ない (never spending it) ということだけではありません。人生でお金を持つ
ことを真に厭わない人は、さらなるお金を創造するためにお金を使うことを厭
わないのです。

ある友人はいつもビジネスのためにお金を節約しようとしていました。テクノロジーに詳しい彼は、大企業の仕事を請け負い、必要とされる様々な場所に出張してオーディオ・ビジュアル機器の管理を担当していました。毎回イベントが終わると彼は機材を梱包し、機材を持って次の国、次の都市へと移動していましたが、それは彼にとって大変なことでした。ある日、その企業の経営者がこう言いました。「機材をもっと増やしてヨーロッパ、アメリカ、オーストラリア、アジアのそれぞれの地域に置いておこうと思う。そうすれば、いく先々に機材を持っていかなくてもよくなるし、そのことを考えなくてもよくなる。購入しておいてくれ」それから2年が過ぎてもその友人は何もまだ購入しておらず、ある日、経営者がこう言うまで誰も気付いていませんでした。「2年前に機材を購入しておいてくれと頼んだが、どうなった?」

　私の友人はこう答えました。「私は会社の出費を抑えようとしていたのです。こうした機材はとても高額なので」

　機材を持って様々な国に移動させることによって、出費を抑えようとするこのエナジーを見てみてください。一方で、各国に機材が置いてあるエナジーはどうでしょうか。安らぎと共にビジネスが成長し拡大するエナジーはどちらでしょうか?

　あなたは「どうすれば節約できるかな?」と問いかけるタイプですか?　この問いのエナジーとは、どのようなものですか?　そこには何かを生み出すような生成的なエナジーはありますか?　それはあなたの選択を拡げますか?あるいは、制限しますか?では次の問いかけのエナジーを見てみましょう。
　「もっとたくさんのお金を生み出すには?」
　「安らぎと共にそれを創り出すには、私はどんなエナジーになればいい?」

　あなたの中に、お金を節約しようとしているところがありますか?　こう問いかけてください。「今節約しようとしているこのお金を使えば、今日として未来のための更なる創造につながる?」新しいBMWのオープンカーが欲しいなら買いなさい、と言っているわけではありません。私が勧めているのは、何があなたにとってより多くを生み出すのか、それを見てみることなのです。よ

り多くを生み出すことのできる何かがあるのなら、それにお金を使いましょう。

　自分の貢献になるお金を人生で持つとすれば、それは何のようですか？　本質的価値があり、時間の経過と共に価値が増していく何かを自分の人生に持つのは、どんな感じがしますか？

　２軒の家を想像してみてください。そのうち一軒のインテリアは全て安くてモダンな家具屋で売られていたものです。クリーンでモダンで、まさにカタログのようなインテリアで、全てが購入額の５０％以下の価値しかありません。二軒目の家は美しい内装が施されています。シルバーやクリスタル、アンティーク、絵画、といったような内装で、ユニークで審美的な価値があるだけではなく、少なくとも購入額以上の価値があるというボーナス点があります。どちらの家があなたの人生により多くの富と美の感覚を創り出しますか？　現在、そして未来にもっとたくさんのお金を持つための方法として、審美的な創造を活用することができたとしたら？あらゆる全てを人生で手に入れるという創造によって、現在と未来にもっとたくさんのお金を持つことができたとしたら？　これはジャッジメントではなく、アウェアネスであり、あなたが強く望む未来を創造することなのです。

　あなたは、自分の人生に常にお金を存在させますか？　また、それによってお金が増え続けることに許可を出しますか？

　この本の第２部では、人生でお金を持つための実践的なツールをいくつか紹介します。お金を持つことは実際にはとてもシンプルです。あなたはお金を持つことを厭いませんか？　そして、これまでとは全く異なる方法でお金があなたに貢献することを許しますか？

お金を避けること、拒絶することを止めよう

　お金に関する状況を見つめることを拒絶し、避けていることが人生の中でありませんか？　より多くのお金を創造するためのシンプルで簡単な方法を避けるための良い理由なんて本当にあるでしょうか？　完全に正直になることを

避けることで、本当は更なる可能性や簡単な変化があるのに私たちはそれを自分から切り離し、拒絶しているのです。

こんなことを言うクライアントがいました。「私は自分の借金ことをほぼ毎日考えている。そして、自分の後ろに借金を押しやって、これがどこかに行ってくれたらいいのにと願っている」私達の多くがこのように振舞っています。

借金を抱えていた頃の私は、頑固なまでに一貫して、自分の経済状況に何が起きているのかを直視することを避けていました。ギャリーとデーンの話をついに聞く選択をするまでは。お金についての気付きを避けていると、あなたが本当には持っている選択肢を見つめられる場所を創造することが絶対にできません。気付きを避けることで、何が起きているのか、それを変えるために何ができるのかを自分自身にエンパワーできない漠然とした不明瞭な領域を創り出します。

子供にお金のことを教えるのがとても上手な友人がいます。ある日彼女は１０歳の息子とその友達の昼食用にと２０ドルを与えたのですが、後になって、息子の友だちの母親が二人の昼食代を払っていたことを知りました。私の友人が息子になぜお金を払わなかったのかを聞いたところ、息子は昼食を食べに行く前にお金をなくしてしまったと言うのです。友人は息子にこう言いました。「友達のお母さんのところへ行って、昼食代を払うつもりだったけれどお金をなくしてしまったと言いなさい」彼女もその母親が昼食代のことを気にしていないことは知っており、誰かを悪者にしようとしたわけではありません。これは、実際に起きたことを認める、という話なのです。その状況についてのポイント・オブ・ビューや、ジャッジメントを持たずにいること、そして、お金を無くしていないように振る舞うのではなく、自分が創造した状況を息子自身に認めさせるということ。物事を隠し、避けるのではなく、認めなくてはなりません。これはジャッジメントの話ではありません。これを無視せずにいられれば、未来により多くの気付きが持てるようになります。そしてその気付きがあることで、あなたは本当に選びたい選択をするために自分をエンパワーし、それはあなたの人生で更なる創造につながるでしょう。

『あなたは＇選択肢のない＇ユニバースに生きていますか?』

　何年もの間、私は＊リレーションシップを避けてきました。「私はリレーションシップをしないの。リレーションシップをしていないし、結婚も絶対しないし、子供も持たない」こう言っていたのです。周囲を見渡してみても、上手くいっているようなリレーションシップが見当たりませんでした。リレーションシップを楽しんでいるような人もいなかったので、私のポイント・オブ・ビュー（結論）は「私はリレーションシップをやらない!」というものでした。
　（＊訳注リレーションシップ:ここでは、恋愛関係、誰かと付き合うという意味）

　そのように決めつけていたので、それ以外の可能な全てを自分から締め出していました。私は選択肢のないユニバースにいて、選択肢のない現実を創っていました。ある日私は自分がそれを選んでいることに気付き、こう問いかけ始めました。「もしリレーションシップを厭わなかったとしたら?　その可能性を受け取ることを厭わなかったとしたら?」リレーションシップについて決めつけてきたこと、結論付けてきたことを全て手放しました。というのも、そういった全ての思い込みが莫大な制限を創っていることに気付いたからです。結論に向かうたびに私たちは制限を創り出します。それは目の前にある無限の可能性と自分を分離させてしまいます。可笑しいのは、今の私は素晴らしいパートナーとのリレーションシップがあり、彼には息子一人と犬一匹がいたのです。家族が瞬時にできあがりました。彼らは私がこれまでに想像したこともなかったような方法で私の人生への貢献となってくれています。もしリレーションシップの可能性を拒み続けていたら、より多くのお金と富を創造するための貢献を含めた大きな貢献と寛大さ、エナジーを私は受け取ることができなかったでしょう。

　ここで私がお話しているのは、自分自身に選択を与えるエナジーに目を向けることがあなたの人生を創造するのだということ。何かを避け、拒絶し、何かを持つことを嫌がると、より多くの選択肢を得て、より多くを創造していくことが難しくなるのだということ。自分が「選択肢のないユニバース」から昨日しているところに進んで目を向け、それを進んで変化させていかなくてはなり

ません。

『お金を避けないでいると起こりうる最悪のことって?』

　あなたにお金を作るかもしれない、新しい何かをすることをあなたは避け
ていますか?　お金を作れたかもしれない状況があったのに「いや、私には
時間がない。あそこに行けなかったし、自分にはそんなことできなかった」
と言ったことはどれだけありますか?　何かをやりたいと求めながら「自分に
はその能力がない」と考え、実際にやってみるよりも、それをやらなかった
ことや拒否したことはありますか?　もしこう問いかけていたらどうでしょう?
「これを避けずにただ選んだときに起こりうる最悪のことって何だろう?」選
択はアウェアネスを創り出します。

　もしあなたが人前で話すことを避けているのならこう問いかけてみましょう。
「私が実際に人前で話をしたら、起こりうる最悪のことって何だろう?」する
と、こう思うかもしれません。「そうだな、緊張して固まって、何を言うつもり
だったのかを忘れてしまうかも。それってそんなにひどいこと?」「もしそれが
起きたら、私はただそこに立って、聴衆を見つめて、微笑むこともできる」人々
は、あなたがあなたである無防備さに心を奪われるでしょう。そして、あなた
に避けるものなどなかったとしたら、あらゆる状況においても自分でいること
が簡単になります。何が起きていても、更なる自分を手に入れられるのです。
なぜなら、何かを避けるために自分自身をねじったり、曲げたり、隠したりし
なくて済むからです。あなたの人生でより多くのお金を絶対的に創り出すのは、
さらなる自分になることです。

　あなたは借金を避けていますか?　どこでお金を避けていますか?　その
避けるという行為によって、どんな素晴らしく、偉大で、クリエイティブなあ
なたの一部を世界に見せることを拒んでいますか?　それを避けなくては起
きてしまうとあなたが決めた最悪の事態ってどのようなものですか?　あなた
の経済的現実に完全なアウェアネスを持つことを厭わなければ、何が変えら
れる?

感謝

　人生において物事を変化させる一番魔法のようなツールは、感謝です。

　感謝は軽視されがちですが、人のポイント・オブ・ビューをダイナミックに変化させるパワーを持っています。感謝は、あなたをジャッジメントから自然と抜け出させる効果を持っています。感謝とジャッジメントは共存しえないのです。ジャッジしながら、感謝することは不可能です。何か、誰かをジャッジしていると感謝することができないと、気付いたことはありませんか？　感謝を持っていれば、ジャッジメントから抜け出せます。そして、既にお話ししたように、私たちはジャッジメントによって最大の制限を創り出すのです。

　お金を受け取るとき、どんなポイント・オブ・ビューが瞬時にあなたの中から浮かびますか？　人生に入ってくる１ドル、１ドル、１セント、１セントにあなたは感謝していますか？　あるいは、「こんなの大したことない」「この請求書の支払いには使えるだろう」「もっとお金があればいいのに」と考えがちですか？　お金がいつ入ってきても、お金がいつ出て行っても、それに感謝を持ったとしたらどうでしょう？　それを創造した自分に感謝をして、現れたお金に感謝をして、お金を使って手に入れたものに感謝をしたとすればどうでしょう？お金に関して、真により多くの感謝を持ったとしたら、どうでしょう？

　あなたのところへ入ってくるお金に対して毎回このように言う練習をしてみたとすれば、どうでしょう？「ありがとう。現れてくれてとっても嬉しい！もっと来てくれない？」そして、あなたが使うお金、あなたが支払う請求書の両方に感謝をして、より求めることを厭わなかったとしたら？「素晴らしい、また来月も電気が使える！そして、このお金が 10 倍になって私の元へ帰ってくるには？」

　私はこの問いかけが大好きなのです！ある日、私は素晴らしいフットマッサージをしてくれた女性に支払いをしました。本当に有り難かったので、彼女に感謝をしたのです。お金を手渡すとき、私は遊び心を持ってこう声に出

して言いました。「このお金が 10 倍になって私の元へ帰ってくるには?」その女性は怪訝な顔つきをして私の方を見ていました。しばらく後で彼女は戻ってきてこう言いました。「お金を支払うときに戻ってきて、と求めることができるなんて考えもしなかったわ。そんなことは罰当たりだとでも思っていたみたい。でもあなたの言い方には感謝と喜びが溢れていて、感謝と喜びへの招待状のようだった。今から毎回それを使うことにするわ!」

お金と遊んでみたいなと思うときは、お金に感謝をして、あなたが創造したものに感謝をして、ジャッジしないで。そうすればより多くが現れるから。

『自分自身にも、進んで感謝をしたとしたら?』

あなたの人生に入ってくるお金、あなたの人生から出て行くお金を認めず、感謝しないでいるということは、自分自身への承認と感謝を拒絶しているということです。自分が持っていないものに目を向けるよりも、あなたが創造してきたもの、あなたが持っているものに関して、自分自身を認め始めたとしたら? 自分の人生で何が機能しているのかに意識を向けると、それをさらに創り出すことができ、より多くの場所からそれが現れ始めます。欠乏として自分が見ているものに意識を向けると、欠乏しか目に入らず、その不足感が大きくなるだけです。

「善い」も「悪い」も「醜い」も全て、自分が創造する全てに感謝を持たなくてはなりません。そうすると、何が現れても結論に向かうことが一切ないからです。お金を失い、間違った選択をしてしまったと決めつけたことで、いくつの選択をジャッジしてきましたか? その選択がもっと素晴らしい何かを未来に創造するきっかけになった選択そのものではなかったとどうしてわかるのですか? ジャッジしてしまうと、その選択のギフトが目に入らなくなり、その選択があったからこそ、目の前に現れた可能性を自分に受け取らせなくなるのです。感謝があれば、全く異なる現実を手にすることができます。

Joy of Business(私が経営しているビジネスのひとつで、私にお金を作り、世界に変化をもたらしているビジネス)で働く全ての人に私は感謝しています。正しい選択をして間違った選択を避けるのではなく、何が創造できるのかと

いう可能性の喜びと好奇心から私たちはビジネスを生み出しています。

　自分が望むように上手くいかない選択をしたときでも、私たちはビジネスで創造する喜びを諦めず、互いへの感謝も諦めません。私たちはこう問いかけます。「これに関する正しいことって何?」そして、まだ検討したこともないような他にどんな可能性があるのかに目を向けます。ジャッジした瞬間に、それは可能性を縮めてしまうのです。しかしながら感謝は可能性を拡げます。

　誰かが創造した物事に感謝を持つと、それがあなたとその人の人生にもっとたくさん現れます。あなたが創造していること、行うことに喜びを持てば、より多くのお金が現れるでしょう。

『物事が簡単すぎる時に感謝している?』

　数年前、友人が開催するアンティークのイベントに参加していたときのことです。お客さんが購入した商品のお金を受け取り、領収書を書くなどの事務的なことをお手伝いしようかと私は申し出ました。その友人と彼のビジネスが大きくなることに貢献したいと思ったからです。

　そのイベント終了後、その友人が売り上げの何割かを私に支払ってくれるとメールしてきたのです。そこで私はこう返信しました。「ありがとう。でも、お手伝いしたことでお金はもらいたくないわ。本当に、貢献できたことが嬉しいの」その友人はこう返信してきました。「お金に感謝しないと」

　私はこう思いました。「私はお金に感謝しているのに」でも、進んで受け取れない自分もいました。そして「お金を受け取るほど大変な仕事をしていない」という自分のポイント・オブ・ビューに気付きました。イベントでの手伝いは、パーティーに参加しているようなものでした。シルバーのゴブレットからシャンパンを飲み、クレジットカードの機械で支払いを処理して、領収書を書いていたのです。私は楽しんでいました。それでお金を払ってもらえるって?

　私はこの一件で自分の視点が変化したこと、私の世界にどれだけのものが

開かれたのかをギャリー・ダグラスに話すと、かれはこう言いました。「お金が簡単に入ってきて、それに感謝できれば、君はより多くの未来の可能性を手に入れる方向に向かっているんだよ」

　お金が簡単に喜びとともにやって来ることを許可すること、そして目の前に現れる1セント1セントに感謝することで、どんな素晴らしい未来の可能性を人生に創造できるだろうか？

第3章

今すぐに新しい経済的現実を
どのように創造する?

　もし、お金についてのポイント・オブ・ビューを全く持っていなかったとしたら?　ジャッジメントを全く持っていなかったとしたら?　制限された経済的現実が全くなかったとしたら?　朝起きて、毎日をまっさらな状態で始められたとしたら?　もしそうだとすれば、あなたは何を創造するのでしょうか?　そして、何を選ぶのでしょう?

　異なる経済的現実、今よりも素晴らしい経済的現実をあなたが本当に強く望むのなら、あなたが今どんな選択をしているかを見つめなくてはなりません。そして、行きたい方向に自分自身を導いていないのなら、変えましょう!あなたの選択の一つひとつが何かを創り出します。あなたは、自分の選択で何を創造したいですか?

　これは正しい選択・間違った選択ということではありません。これは、異なる選択をするという話なのです。

　私は世界中の人々とビジネスの話をたくさんします。ビジネスにおける選択をするとき、私は本当に「正しい選択、間違った選択などない。ただ選択があるのみ」というところから機能しています。過去最悪の「間違い」が私にとって最も素晴らしいギフトとなっているのも、未来に役立つこれまでとは違ったどんなことができ、どんな自分になれるのかをその「間違い」が見せてくれたからです。もしその選択をしなければ、そのことに気付けるようになるまでに随分と長い時間がかかっていたことでしょう。全ての選択が、より素晴らしい未来を創造するための貢献になってくれていることが私にはわかります。なぜなら「ああ、この選択は間違っていて、別の選択の方が正しかった」というマインドセットに私は囚われることがないからです。もう二度と正しくする必要がなく、間違いを避けなくても良いとしたら?

私の聡明な友人であるギャリーはこのように言います。「あなたは正しく在りたい？　それとも自由になりたい？　両方にはなれないよ!」

　間違うことを厭わず正しく在る必要性を断ち切るなら、あなたは何でも選べるし、何でも創造できるのです。

『苦労するか、苦労しないか?』

　数年前友人とランチに行く途中だったのですが、私はそのときイライラして不機嫌でした。レストランまで歩いているときに、一人が私にこう聞いたのです。「どうしてそれを選んでいるの?」「こんなの選んでない!」私は言いました。そして歩き続けながらこう思いました。「こんなの選んでない!選んでないんだから!ちょっと待てよ、私は本当にこれを選んでいるの?　これ、変えられる?」すると私の世界が狂ったように軽く感じられました。レストランに到着する頃、私は友人にこう話していました。「ワオ、わかったわ。私はこれを選んでいる。私はイライラを選んでいる!」

　悲しくなること、ハッピーになること、イライラすること、リラックスすることも選択なのだということは、多くの人が考えていないことです。感情を創り出すのは外的な状況であると信じるよう私たちは教えられてきました。でも実際には、それもただの選択なのです。通常であれは自分には選択肢がないと思えるようなときでさえ、自分には選択肢があることを認識する練習をしなくてはなりません。「自分には選択肢がない」と思ってきたようなことを見つめ直し、こう問いかけてみるとどうでしょう?　「OK、自分には選択肢がないふりをするよりも、この状況で「選択の筋肉」を使うなら、私は今何を選ぶかな?」

　これはお金にも同じことが言えます。お金に関するイラつきや苦労があるのなら、それは自分の選択なのだと気付きましょう。あなたがそのように創造しているのであり、他の何かを選択することもできるのです!

　これはまた、確立したビジネスを持っていようと、給料をもらう仕事に就いていようと、家にずっといる親であろうと、求職中であろうと、年金で暮らし

ていようと、関係ありません。経済的現実を変化させるのに、たくさんのお金を持っている必要はありません（全くなくても大丈夫なのです）。準備を整える必要もありません。ただ選択すれば良いのです。

　本書のこの章では、これまであなたが機能していた方法から抜け出すのに役立つ要素を見ていきます。そして、自分が自分の味方になることができるようになること、自分はお金を持てないという物語と理由を手放すこと、自分に正直になること、自分の叡智を信頼すること、といった、これまでとは異なるお金の選択が、明瞭さ、安らぎと共にできるようになる要素を見ていきましょう。

必要なら何でもやる、それを厭わない

　本書のお金のツールは素晴らしいものばかりですが、現在上手くいっていないことを変えられるようツールを効果的に使うには「自分が自分の味方」でいなくてはなりません。その方法は3つあります。

1.　あなたが自分の人生にコミットしていなくてはならない
2.　必要ならば何にでもなり、何でもすると自分に対して強く要求しなくてはならない
3.　何でも選択すること、何でも失うこと、何でも創造すること、何でも変化させることを厭わない自分でなくてはならない

> 『自分を絶対に諦めないというコミットメントをすることが、
> あなたにできる最も優しいことだとしたら?』

　人生へのコミットメントとは、あなたを拘束して特定の道だけをずっと進んでいかなくてはならない、というものではありません。人生のコミットメントとは、絶対に諦めない、絶対に屈しない、絶対に辞めないということです。あなたは自分にコミットすることを厭いませんか?　自分を絶対に諦めないことを厭わない?

　パートナーのブレンドンと私は、二人ともそれぞれの人生と二人にとって機能するリレーションシップを創造することにコミットしています。これを永遠に

維持しなくてはならないコミットメントにするよりも、自分たちのリレーションシップを毎日選択することによって、これを実践しています。私たちは二人にとって、より素晴らしい未来を創れる選択をしていますが、自分たちの選択が固定され、変更不可能だと捉えたことはありません。私たちが一緒に家を買うことを考えていたとき、私は最初、残りの人生を必要性から一緒に過ごさなくてはならなくなると結論付けて、その話に抵抗していました。ブレンドンは「家はいつでも売ることができるんだよ」と言い、私は、「ああ、それは確かにそうね!」と言いました。家を所有しても、私たちが永遠に一緒にいなくてはならないという訳ではありません。そこにはまだ選択の余地があります。これはビジネスの取引なのです。自分たち自身にコミットするということは、二人の選択を絶対に変えないということではありません。もう機能しなくなった選択は変更しても良いと思えるほどに、私たちが自分自身を尊重し、そして互いを十分に尊重し合えるコミットメントをすることです。

　自分にコミットするということは、自分にとって機能する選択を続け、生きることの冒険を厭わないということです。たとえそれが居心地の悪いものであっても、変化を起こすことであっても、他に誰も（あなたのパートナーや、家族や友人であっても）理解してくれないことであっても。自分にコミットすると、コンフォートゾーンを超えることができます。特に私たちのほとんどは、他の人に合わせるために、本当に選択したいものを諦めるよう、よく訓練されています。他の誰かが何を考え、言い、行ったとしても、実際のあなたと同じぐらい、他とは異なるあなたで在ることを厭わないこと。

『他の誰にも、何にも強く要求することはできません。
あなた自身以外には』

　自分自身に強く要求することは、何があっても人生に切望するものを自分は手に入れるのだと気付くこと。

　こんな風に自分に強く要求して始めて、私たちは人生の創造をスタートさせます。「何が必要となっても、どんな風に見えたとしても、私は自分の人生を創造する。私は他の誰かのポイント・オブ・ビューや現実に沿って生きるこ

とはしない。私自身で創り出す！」

　何年も前にアクセスのクラスで各地に出張し始めた頃、宿泊費をいつも賄うことができなかった私は人の家によく泊めてもらっていました。ある人の家に泊まったのですが、その家があまり清潔ではなく、シャワーから出てすぐに再びシャワーを浴びなくてはならないと思うほどでした。私は強く要求しました。「これはもう機能しない。自分が泊まりたい場所に泊まるという選択ができるほど、もっとたくさんのお金を創り出さなくては」

　次に私は誰かと一緒にホテルの部屋をシェアするようになり、滞在費を互いに負担しました。それもまた、私が求めていたことではなかったと認めます。私は一人で泊まることが大好きで、自分のスペースを持つことが大好きです。強く要求し、不足と疑いに基づいた欠乏の現実に陥らないときにこそ、創造されるエナジーがあります。

　物事が現れるように強く要求しても、それが一体どんなことになるのか、検討もつかないことが多くありました。それでも毎回「何が必要であっても」「どのように見えたとしても」と、私は強く要求しました。出張中に一人でホテルに滞在するためのお金をどのように作るのか、具体的には分かっていませんでしたが、私はそれを創造するために必要なことなら何でもすることを厭わない自分を知っていました。

『何でも選択し、失い、創造し、変化させることを厭わない』

　これまでとは別の選択を厭わないとき、あなたは進んで周囲の人や物事に気付いていて、そこから受け取ろうとしています。そして自分のための更なる創造になるなら、ナノ秒で変化させられる能力を持っています。「おぉ！更なる情報だ！オーケー、これをやろう！」という風に。選択すると、最初に思ったものとは違うと気付くかもしれません。あなたは、変化を起こすときに必要となる新しい情報に気付きを持つことを厭いませんか？ または、最初の選択がもう機能しなくても、それに固執しようとしますか？ あるいは、少しだけの変更を加えて、なぜ物事が変化しないのだろうと不思議に思っていますか？

小さなシフトを起こしても、していることが本質的に同じであれば（これは、別のシャツを着替えるよりも、同じシャツを毎日着ながら見た目に少しの変化をつけようとすることにある意味似ています）、異なる結果にはたどり着けません。

　別の結果を期待しながら同じ行動をすることは狂気だと、アインシュタインは定義しています。異なる結果を創造するには、現在の機能の仕方を変化させなくてはなりません。

　何かが固定化され、変化しないものが人生にあるかのように機能するとき、私たちは、異なる現実、異なる経済的現実を持つための行動なら何でもやってみよう、という意欲を止めてしまいます。「これは、こういうものだから」と考えるとき、私たちは物事を変化させられないものとして創造します。

　あなたは何を変化させられないものとして創造してきましたか？　あなたにとっては何が不変ですか？　あなたはどのようなものを、価値があり、永遠で、長続きするものとして見ていますか？　家を所有すること？　長続きする結婚生活を送ること？　自分のビジネスを経営すること？　仕事に就き続けること？　借金を抱えた状態でいること？

　あなたは、人生のどこか一部にしがみついていますか？　あたかもそれが永久構造物かのように？　私はそれをビジネスに対してやっていました。関わりたいと思う時期を過ぎた後でも、自分が創造したビジネスに私はしがみついていたのです。ビジネスが破綻し始めても、そのビジネスで何か違うことをしようとしていたのですが、全く違うことをして、そのビジネスを売却しようという意欲を持っていませんでした。なぜなら、私は皆が言うようにしなくてはならないと思っていたし、できるだけ長くビジネスを経営し続けるべきだと思っていたからです。

　自分には変化を起こす能力がないと、どんなことを決めましたか？　あなたの経済状況、お金の不足、借金、経済的な見通しについて、選択肢がないと感じていますか？　全く異なる何かをするよりも、自分のユニバースの中で

創造した経済的な構造を維持するためのコミットメントをしていますか？　変えようとしているけれど、何も効果がないように見えますか？　あなたがしていないことで、もしそれを別の方法で行えば、全てを変化させるものとは？

　あるとき私がクラスでこれを問いかけると、ある人がこう言いました。「ほとんどの場合、私が行動を起こすのは唯一本当の痛みがあるときだけ。一旦その痛みがなくなれば、私は前に進むことを止めてしまいます。昨日気付いたのですが、私が持っているお金の額では、これからやってくる請求書を支払うのに十分ではありません。私は突然、これは緊急事態だと感じ、何かをすることに決めました。私はいつもこのように機能してきました。やむを得ない状況になるまで、行動を起こさないのです。あたかも、痛みによってのみ動機付けされているかのようです」もしこの人が、自分の選択に関して別の何かを行い、別の何かになる意欲を持っていたのなら、『欠乏からの動機付け』というポイント・オブ・ビューで全体的に機能する自分を見つめながら、こう問いかけることができたかもしれません。「ちょっと待って、それって、私がいつもやってきたことだわ。もし、私が全く別の方法で機能しはじめたとしたら？　何が私にとっての更なる創造となる？」しかし、自身の機能している構造を彼女が見つめることなく「この請求書を支払うために今回は何をすればいいのだろう？」としか問いかけるつもりがなく、少しだけ別のことしかしようとしないのなら、長い目で見れば彼女は自分の現実を変えられないでしょう。

　また別の人はこう言いました。「自分のクレジットカード利用をコントロールするのが難しいと感じています。カードを使うことが、自分がお金を持つ唯一の方法のように思えるのです。そうでなければ、他に選択肢がないように思えます」もしその人が「今日はクレジットカードを使うことができない。ローンを組まなくては」と言えば、それは少し違うだけで、していることは同じです。もし彼らが「私は今、そして未来にもっと多くのお金を創造する。もうこんな風には生きない。これを変えるには、今すぐに何を行動する必要がある？」と強く要求すれば、彼らがこれまで抜け出せなかったお金についての制限されたポイント・オブ・ビューを超えた創造を可能にするような、それまでとは異なる選択を彼らはすることでしょう。

こうした全ての境遇、全ての構造、永遠で変えられないとあなたが現在信じ込んでいる全ての物事を失っても構わないと思えなくてはなりません。実際には、変えられないものなどありません。

人生の中に永遠を創り上げているところはどこでも、そうではない他の選択ができると私は知っています。「これは私には機能しない。私はもうこれを選択しない」と言うことができます。

持たなくてはならない、しなければならない、失うことができない、失ってはいけない、というあなたの決めつけをやめることを厭いませんか？　あなたが持っているもの全てを失うことを厭いませんか？　これまでに持ったことのあるお金を遥かに超えた額のお金を完全に楽に創造できたとしたら？

もし、人生で何かを変えようとしてきたことが変化しないのであれば、完全に違う何かを実際に選ぶよりも、同じことを少しだけ変えてやっているかもしれないところを見つめてみてください。あなたの経済的現実を真に変化させるには、これまでとは別の何をして、何にならなくてはならないでしょうか？

お金を持たないための、 あなたのロジカルで狂った理由を断ち切る

私が「結論」「決めつけ」「ジャッジメント」という言葉をこれまでに数回以上使っていることに、あなたは気付いたかもしれません。知っていましたか？「結論 /conclude」という言葉は「閉ざす、囲う」と意味する言葉から来ていることを知っていましたか？　「結論」が私たちの人生に行うのは、まさにそれです。結論はあなたが作ったジャッジメントや決めつけであなたを囲み、他の可能性を受け取り、他の選択を見ることからあなたを排除します。これはまるで、水に溶かしたセメントのバケツに片足を入れたまま、どこかに行こうとすることと似ています。そんなことはできません。自分がいるのはそんな場所であり、それは変えられないのだと結論付けています。そのポイント・オブ・ビューを手放さない限りは。

私たちはお金についての何百万という物語を鵜呑みにして、人に押し付けています。私たちが本当に信じる物語の多くは、正しく、リアルであり、そんな物語にまた戻ってきて、何度も自分に繰り返し言い聞かせることを私たちは好みます。単に「ワオ、私が鵜呑みにしているそれは興味深い物語だ。もしそれが真実ではなかったとしたら？　他にどんな可能性がここにあるかな？」と問いかける代わりに。

　私の友人の話です。彼が子供の頃、彼の両親は「お金持ちの人々は幸せではない」と彼に投影していました。両親は彼を近所の裕福な地域に連れて行き、とても素敵な家を見せました。「ここに引っ越せる？」と彼が聞くと、両親はこう答えました。「いや。私たちにはそんな余裕はない。いずれにしても、金持ちは幸せではないんだよ」彼の返答はこうでした。「じゃあどうなるか、ただやってみることはなぜできないの？」彼はまた、同じ通りのメキシコ人家族のところでは食事をしないようにと言われていました。その家族は彼の家族よりお金を持っていないことが理由です。後にその家族が隣の空き地を購入しアパートを建てた時、友人は自分の母親がその家族をジャッジしていたことにもちろん気がつきました。彼らの出身国のこと、そして、彼らの裏庭にはニワトリが走り回り、フルーツや野菜を育てていたことから、彼らがあまりお金を持っていないだろうと判断していたのです。

　ほとんどの人には、このような物語や、頭の中で駆け巡っている狂ったポイント・オブ・ビューがあり、それがあることで、これまでとは違った経済的現実が持てなくなっています。

　私の父についての話を覚えていますか？　父はよく、私たち（私の兄、義理の姉妹、母、私）が経済的に安定するまでは死ねないと話していました。私は父に死んで欲しくなかったので「もし私が借金を作れば父は死なない」と自分の世界のどこかで考えていたのです。これはかなり狂ったポイント・オブ・ビューでした。それを自分がやっていたのだと気付いたとき、私はそれを辞め、お金に関するこれまでの振る舞いを変えました。すると最も奇妙で予期しなかったような場所からお金が人生に現れ始めるようになったのです。

子どもの頃、どんな経済的現実があなたに投影されましたか？　お金を持つこと、お金を持たないこと、お金を創造すること、お金を失うこと、その他たくさんについて、どんなクレイジーなポイント・オブ・ビューをあなたは引き受け、鵜呑みにしましたか？　もし、あなたが体験した全てを手放すことが選べたなら、あるいはお金について過去に信じてきたことを手放すことが選べたなら、そして、それらをあなたの未来にもうこれ以上投影しなくても良いのだとしたら？

『自分への経済的な虐待を断ち切る時ですか？』

　私の友人は、3、4歳の頃から幾度となく、自分たちにお金がないのはお前のせいだと親から言われてきました。彼は、親と兄弟のためにお金を稼ぐ必要があると信じながら大きくなりました。子どもたちは気付いていて、貢献したいと願っています。家庭内でお金にまつわる喧嘩や心配事、表立って現れていないエナジーがあると、子どもたちはそれらを口汚い言葉で露骨に言葉にするのではなく、それらを一手に引き受けるのです。

　経済的な虐待は、様々な形式を取りますが、大抵の場合は、人生における最も基本的な物事を受けるに値しないと感じるようになります。それは、欠乏の感覚から生きることや、経済的な痛みや経済的な重荷の感覚として現れることもあります。

　経済的虐待はまた、親が子どもを依存させ、コントロールする方法として使われることもあります。これについて、以前クラスで話していたとき、誰かがこう言いました。「今、私の母について気がついたのですが、母は、私が経済的に母に依存することを望んでいるようです。そうすれば、母親としての価値が感じられるからです。お金に関する私の現実のどれだけが、母の欲求に基づいていたのかがわかりました。そして『自分は役に立っていて、必要不可欠だと感じたい』という母の欲求を満たすための役割を私は演じていました。母にそう感じさせるには、私は役立たずで、依存しなくてはならなかったのです」

　もし誰かが、お金を使ってあなたを依存させたがっていれば、それは何かしらの虐待ですか？　はい、そうです。あなたは、その物語に沿って生き続

けなくてはなりませんか？　いいえ、そんなことありません。あなたには別の選択肢があります。過去に経済的な虐待を受けたことを認識し、それにあなたの人生を操縦させない選択をしても良いのです。それをリアルにする必要はありません。お金の現実として選べる選択肢があなたには何百万とあるのです。少なくとも！そして、ほとんど全ての選択肢がもっと楽しいものでしょう。そうした選択をもっと選んでみては？

『あなたは、疑い、恐れ、罪悪感を使って、
自分がお金を創造することを邪魔していますか？』

　自分にはお金が稼げるのかどうかとあなたは疑っていますか？　お金を失うことを恐れていますか？　借金のために、罪悪感を持ち、自分を責めていますか？　今の自分の経済的状況について怒りを持っていますか？　あなたは現在の経済的状況に怒りを持っていますか？　あなたは、お金に関することになると可能性を見つめるよりも問題に捉われ、問題にしがみついていますか？　これらは全て、異なる選択と可能性と自分を「今ここ」で向き合わせなくさせるために私たちが使う、ディストラクション‐気を散らせる混乱‐です。私たちが創り出す一つひとつの「ディストラクター」は、自分自身を行き詰まらせてしまう厄介でネガティブな感情で、そこから抜け出したいと強く思いながらも、抜け出すことなんてできないと私たちに硬く確信させます。私たちは、ディストラクターをとても素敵な物語と固く結びつけます。なぜそのようなことが起きているのかをその物語が説明するので、状況を変化させなくても良くなるのです。あなたはこうした言葉を口にするでしょう。「私は怖いんです。だって・・・」「私にはこれができるかどうか疑問です。だって・・・」「だって」という言葉は、あなたが使う賢い方法で、素晴らしい物語で自分のディストラクションを鵜呑みにします。そうすれば、自分を諦めるための良い理由になり、人生で起きていることを変化させなくてもよくなるからです。

　このようなディストラクションに行き詰まり、気が散るときはいつでも、あなたは異なる可能性を選ぶよりも自分をジャッジする選択をしています。人生に現れるディストラクターとは、人生を生きること、異なる何かを創造することからあなたの気を散らせるものなのだ、と、ただ認識し始めたとしたら？　気

を散らせるような思考や感情が出てきたときに、それを認めることで変化させられるようになります。そしてディストラクターが現れたら、ただ再び選択し、問いかけすることを選び、ジャッジメントよりも感謝を持つことを選び、それはリアルで真実ではない、それは興味深いポイント・オブ・ビューなのだと認めることを選んでください。頭の中や人生でディストラクターを何度も再生し続けなくても良いのです。もちろん、あなたが望むお金と人生を創造することよりも、邪魔されることの方がもっと楽しい場合は別ですが。

自分に容赦なく正直になる
（この言葉ほどは怖いものではありません）

　違う何かが姿を表すようにと求めてもよいのです。自分だけの経済的現実を創造することを求めても良いし、もっとたくさんのお金、もっとたくさんの通貨、キャッシュフロー、全てがもっと現れるよう求めても構いません。ただ、自分を否定して、ジャッジして、自分が世界への貢献になっていると認めることを拒絶すると、あなたは自分に正直になっていません。大きな嘘を自分につきながら、自分は実際の自分ほど壮大ではないと証明しているのです。

　基本的に、自分はダメだ、間違っている、と思うところは、あなたが強くなることを拒んでいるところです。私たちが間違っているとか、欠けているとか、できない、というのは真実ではありませんが、私たちがなることのできるパワーと＊ポーテンシーになること拒んでいるのは真実です。
　（＊訳注　ポーテンシー：変化を起こすための、秘められた力）

　ある日ギャリーとデーンをクラスに送るために運転をしていたとき、私はとても怒っていたのに、そうではないふりをしていました。道に大きなデコボコがあってもスピードを出しすぎた荒い運転を私がするので、ギャリーとデーンはデコボコを通るたびに車の天井に頭をぶつけていました。私はそれについて話すことを拒んでいたのですが、翌朝6時にギャリーが電話をしてきてこう言いました。「私たちのホテルの部屋に来て。これをどうにかしよう」私はなぜ自分が怒っていたのかを二人に延々と話しました。「私は自分をジャッジしているの。自分に怒っているの」私はそう言い続けました。でも、何も変わ

らなければ、軽くもなりません。私がどれだけ言っても、真実に辿り着きませんでした。私たちは話続け、二人からも問いかけられて、気がつきました。私は実際、二人をジャッジしていたのです。私を雇うなんて二人はバカだと決めつけていました。無防備でいること（ええ、その時は居心地悪く感じましたが、そうして本当によかったと思っています）を厭わないでいると、自分が何をやっていたのかが見えてきたのでした。そして、怒りから抜け出し、私たち３人にとって、物事をより簡単にすることができました。ギャリーとデーンをバカだとジャッジすることで、彼らが私への貢献となりたいと思っていたのに、その貢献を私は受け取りたがらなかっただけではなく、私が彼らの貢献となっていたことも見ようとせず、ビジネスの成長を許していませんでした。彼らへのジャッジメントを止めたとき、もっとたくさんのものが可能となりました。

『あなたはバリアなしでいることを厭わない？』

　この会話の後に最も頻繁に起きたことのひとつが、居心地の悪さを感じることでした。「あなたとデーンから完全に切り離されているように感じるわ」私がそう言うと、ギャリーはこう尋ねました。「君はジャッジメントを通して、私たちとの繋がりを創っていたのかい？」

　私はそうだったことに気がつきました。そしてギャリーはこう言いました。「今の君には私たちとの繋がりをコミュニオンから創るチャンスがあるんだよ」

　ほとんどの人が、誰かとの繋がりをジャッジメントに基づいて創り出しています。ジャッジメントは、私たちが自分自身から隠れること、または他人から隠れることを許すバリアや壁を創ります。

　コミュニオンは、完全にジャッジメントのないスペースで、完全に違ったものです。最初は私にとって強烈に居心地の悪いものでした。とても無防備に感じました。私の全てのバリアが下がり、ギャリーとデーンには私の全てがお見通しであるかのように感じました。

　私たちが張り巡らしているジャッジメントやバリア、壁は、自分たちを守っているのだと信じるようにと私たちは教えられてきました。でも実際にそれら

は自分を自分から隠してしまいます。もしあなたが、全くのジャッジメントなし、全くのバリアなしで、完全に無防備であるならば、あなたがこれまでに拒絶してきた、あなたにとっての可能性が見えはじめるでしょう。

人生で創造する全てについて、容赦なく正直でいる意思を持たなくてはなりません。それが何でも変化させられる唯一の方法です。つまり、その勇気を持ち、「OK、これは機能していない」と認識することです。自分にとって本当に何が起きているのかという気付きを持ちたいと思わなくてはなりません。あなた自身の経済的現実を創造することは、実際には何が起きているのかというアウェアネスを持ち、あなたにとって更なる創造につながる選択をすることです。

自分自身に容赦なく正直になることが、自分に無防備さを持つことであり、もう二度と自分に嘘をつかないことだったとしたら？

恐れとは、自分自身に創り出す最も大きな嘘です。あなたはお金や、お金を失うこと、破産することについて本当に恐れを持っていますか？ あるいは、緊急事態が起きればそれに対処して、後から、泣き崩れることでその出来事が自分にとってどれだけ恐ろしかったのかを証明していますか？

真に無防備であるということは、自分を弱い存在にすることでも、攻撃の対象として自分をさらけ出すことでもありません。無防備であるということは、開いた傷口のままでいて、自分を含めた誰に対しても何に対してもバリアを持たないということ。バリアや防御がなければ、良いことも悪いことも、何もあなたに留まりません。私たちはほとんどの場合、自分を守ってくれるものとしてバリアを作りますが、実際に頻繁に起きるのは、そうした壁の後ろ側に自分を閉じ込めることなのです。このような壁があると、他人から自分を分離させるだけではなく、自分にとっての真実から自分自身を遠ざけてしまいます。本当に全てのバリアを下げると「自分はいかに制限されているのか」に関して、あなたが現在持っているどんな信念が全く真実ではないと実際に認めざるをえなくなりますか？

もう二度と、誰に対しても何も防御したり、証明したりしなくても良いとすれば、あなたは実際に誰になりますか？　自分をジャッジして、自分は驚異的な存在ではなくそれ以下だと信じているとき、あなたは誰になっていますか？　あなたはあなたになっていますか？　または、人があなたにこうなってほしいと望むようなあなたになっていますか？　自分で思うほど、あなたはめちゃくちゃな存在ではないとしたら？　隠し、克服し、避けて、防御しなくてはならないあなたに、何も間違いなどなかったとしたら？　あなたは実際には優秀だったとしたら？　それを見ることを厭いませんか？あなたはそれを認め、世界の中でそんな存在でいることを厭いませんか？

　あなたがあなたで在ることは、この世で最も魅力あることのひとつです。あなたはそれに既に気付いています。なぜなら、あなたが魅力を感じる人はその人として存在していて、あなたと共に在ることを厭わず、そのための無防備さを持っているからです。彼らは見せかけではなく、バリアを持たず、防御していません。彼らは何も証明しようとしません。それがまさに、あなたがあなたで在るときの姿です。あなた以外の他の何にもならなくて良いのです。あなたがあなたで在るとき、皆があなたの周囲に来たがります。そして彼らはあなたにたくさんのお金を与えることをもっと厭わなくなります。ただあなたのエナジーの近くにいたい、ただあなたが持っているものをいくばくか持ちたいという理由で。それほどまでに人を惹きつけてやまない存在になることをあなたは厭いませんか？

　自分に容赦なく正直になることを強く要求し「私は今、誰になっている？　もし私が私で在れば、私は何を選ぶだろう？　何を創造するだろう？」と問いかけたとしたら？

『あなたが真に手にしたいものとは？』

　無防備であることは、人生で手にしたいものに容赦なく正直になるということでもあります。もしそれを自分から隠して、秘密にして、本当は欲しいのに望んでいないふりをすると、本当に楽しめる人生を実際に創造し、より壮大な選択をして、それを持つ機会を失います。自分自身には秘密を持たないで

いる意思を持たなくてはなりません。

　人生に何を創造したいのかを見つめる時間を持ったことはありますか？　もし何も不可能などなかったとしたら？　もし何でも持ち、何にでもなり、何でもやって、何でも創造することができたとしたら？　たとえ誰にも理解されなくても、人生で本当に欲しいものを認めるほどの、自分に正直でいる意思がありましたか？

　人生で手にしたい全てをリストに書き出したとしたら？　お手伝いさんが欲しい？　新しい家？　高級キッチン？　行きたい旅先は？　始めたいビジネスは？　あたなは人生でどれだけのお金を持ちたいですか？

　自分へのどんな望みを持っていますか？　それを安らぎと共に、生み出し、創り出すには？

　あなたはそれら全てを求めることを厭いませんか？　それがとんでもないことで、不可能で、完全に想像できないことだと思えたとしても？　たとえそれがいつ、どのように実現するのかが全くわからなかったとしても、それを創造すると自分に強く要求することを厭いませんか？　覚えておいてください。求めなければ、受け取ることができません。では、強く望む全てとそれ以上を求め、何が現れるのかをただ楽しみのためだけに見てみるのはどうでしょう？

　あなたがユニバースに依頼したいことで、自分に強く要求したいことは何ですか？　自分の人生、お金の流れがどうなれば良いのかを書き出してください。あなたが創り出し、生み出したいものは何ですか？

自分は既に知っているのだということを信頼する

　お金やファイナンスに関して、あなたをエンパワーしてくれた人はいましたか？　あなたの知っていることについて尋ねられましたか？　自分を信頼し、お金と遊ぶようにと勧められてきましたか？　おそらくそうではないでしょう。私たちのほとんどが、私たちのユニークさである「自分は何者なのか」という

ことや、「自分には何をする能力があるのか」を探すよう奨励されてきません
でした。自分を信頼すれば何をすべきなのかがわかるとは教えられず、他の
皆が何をしているのかを見てそれに合わせる必要があると教えられてきまし
た。

　私が最初に旅をしたとき、海外に6ヶ月間行くだけのつもりでしたが、最
終的にオーストラリアに戻ったのは3年後のことでした。帰国したとき、皆は
私にこう言いました。「OKシモーン、君はもう冒険をしたのだから、落ち着い
てもいいよ。安定した仕事をして、結婚して、家族を持ちなさい」

　私にとっては、それは最悪のことでした。私のポイント・オブ・ビューはこ
うだったのです。「私は始めたばかりよ!」

　他の人が〜すべきだ、と私に言うことには従いたくありませんでした。他の
何かが可能だと私は知っていたので、人から選択するようにと言われたこと
は選択しませんでした。人生がどのようになるのかという明確なビジョンがな
くても、私はそれを信頼し、違う何かを創造できると知っていました。自分は
旅が好きで、ビジネスを経営したくて、お金を持つことを強く望んでいると知っ
ていたので、あとは選択するだけでした。

『たとえ上手くいかなかったとしても、あなたはいつも知っていた』

　私が初めてギャリー・ダグラスに出会い、彼がアクセスのツールについて
話しているのを聞いたとき、私がこの世界に可能だと知っていたものとそれ
が一致していると分かりました。何があっても、それに従うまでに自分を信頼
していて、とてもよかったと思っています。なぜなら、アクセスのツールによっ
て自分の人生が変わり、今もダイナミックに変化し続けているからです。

　あなたがお金について知っていることで、知っていることを認める機会を自
分自身に与えてこなかったこと、またはそれを知っていたことであなたが責め
られたことは何ですか?

最も偉大なギフトのひとつでありながら最も軽視されているのは、人生で何が機能する、何が機能しないのかについての私たち自身のアウェアネスです。

　望むように上手くいかないと本当はわかっていながらも結局それをやった、というようなことはありませんか？　この人とは一晩を一緒に過ごさない方が良いとわかりながらも、翌朝、なぜそうしたイマイチな選択をしてしまったのだろうと思ったことはありませんか？　でも、上手くいかなかったときに「あらら、上手くいかないと自分は知っていたな。なんて私は賢いのだろう？」と思うよりも、あなたは自分をジャッジして、それが上手くいかなかったことで自分を責め、混乱を創り出したと思うのです。上手くいかないと最初からわかっていて、それでも自分はやった、もしかすると避けられたかもしれないと思う代わりに！あなたは絶対に知っていました。ただ、自分のアウェアネスに従わなかっただけなのです。

　あまり上手くいかないと知っている何かを選択するよりも、その叡智、ノウイングを認め始め、自分にとって何が機能するのかというアウェアネスに従いはじめたとしたら？　あなたは自分の人生を成功として、または輝かしい失敗として創造しようとしていますか？

　人によっては、今日まで自分を信頼することなく、ずっと人生を生きてきた人もいるでしょう。他人が必要とするもの、欲しがるものを届けることにこれまでコミットしすぎてきた場合、自分が実際に何を強く望んでいるのかが掴みづらくなります。何も感じない、自分にはわからない、となることもあります。ほとんどの場合、これを見つめようとすると、最初のうちはしばらくあまり何も感じないかもしれません。なぜなら、これまで誰もあなたが実際に求めるものを本当には尋ねてこなかったからです。

　でも、あなたは本当には知っているということをどうか信頼してください。どこか、奥深くであなたは知っています。もしかすると、長い間自分から隠してきたのかもしれません。でも、あなたは本当には知っています。

『もし、お金が問題ではないのなら、あなたは何を選びますか?』

　もしお金が問題ではないのなら、どんな人生をあなたは送りたいですか?
どんなことをして1日1日を過ごしますか?　世界に何を創り出したいです
か?　今すぐ、このどちらを取り組み始めることができますか?　誰と話す必
要がありますか?　何をしなくてはなりませんか?　どこに行かなくてはなりま
せんか?　あなた自身の経済的現実を創造し始めるのに、今日はどんな選択
ができますか?

　このような問いかけを私は毎日、自分自身に問いかけています。私にとっ
ては毎日が新しい日です。自分が何を創造したいのかを見つめ、何を創造し
ているのかを見つめ、自分が手にしたい未来に何への更なる創造のために、
私ができること、私になれることは他に何があるのかを問いかけています。

　あなたも同様にできますよ。あなたが真に強く望む現実、お金、ビジネス、
アウェアネス、コンシャスネス、喜び、人生、日常を創造し始めることができ
ます。自分を信頼してください。自分が望むものへの気付きを実際に求める
のは一万年ぶりだとしても、それを認識することを厭わないで。あなたは知っ
ているのです。そして、自分が思うよりももっと楽にそれを創造することがで
きるのです!

第2部

お金よ、来い！
お金よ、来い！
お金よ、来い！

第4章

お金がやって来るようになる
（そしてもっとどんどんやって来る）
10 の方法

　ここまでで、皆さんがお金に関してずっと機能してきた部分にあった困惑が
なくなり、そして始めた時よりももっとスペースと可能性がある所から、自分
の経済的現実を見つめ始めているといいのですが。

　自分にとってうまく機能する経済的現実があるというのは、心から創り出し
たいものに本当に近づくという意味であり、ただ銀行口座に望む額があること
ではありません。自分の人生と親密になることです。創りたいと望む未来がはっ
きりしてくれば、お金はあなたの元にやってきやすくなります。また自分のポ
イント・オブ・ビューを変え、お金とのエナジー的な関わり方を変えることは、
「行動する」という要素と同じくらい重要で、お金に関してこれまでとは違う
現実を手にするために、これら全てを変える必要があります。

　次に挙げる 10 の項目で、あなたの経済的世界を変えるための、実用的で
実践的な構成要素にじっくり注目していきます。これを実行すれば効果を上
げます。あなたはこれらを実行しなければなりません。実行するという選択を
しなければなりません。

　覚えておいてください。もしあなたが自分にコミットせず、「そこで何が必要
とされても、それがどんなものであっても、やる」という要求を自分にしなけ
れば、物事を変化させるのはずっと大変になるでしょう。最終的にあなたが
失ってしまうかもしれないものとは何でしょう？　お金に関する制限？　お金に
対する考え？　それとも「金欠」を失うでしょうか？

では始めましょう。こちらがあなたの人生にどんどんお金を舞い込ませてくれる 10 項目です。

1. お金を招き入れる問いかけをする
2. 「楽しく」生活するために、いくら必要なのかを正確に知る
3. 実際にお金を持つ
4. 自分を認める
5. 自分が大好きな、歓びをもたらしてくれることをする
6. 自分が考えること、言うこと、することに気付きを持つ
7. 結果を想定することを止める
8. 成功、失敗、必要と要求への思い込みを手放す
9. 許容する
10. 制御不能であることを厭わない

　既にこれらの概念の多くをこの本のパート 1 で紹介しているので、借金やお金との関わり方を変える際にこれがどのように機能するのかがわかってきたかと思います。以下の章で実践的な詳しい説明をし、お金を案じて、苦悩することなく、自由に選択し、創造し、お金を楽しめるように、この分野で本当に変化を創り出すためのツールとテクニックをこの 10 項目に応用させていきます。

第5章
お金を招き入れる問いかけをする

　皆さんはもうお気付きでしょうが、この本全体を通し、お金に関して自分自身にたくさん問いかけるよう勧めてきました。何故なら問いかけが、お金が現れるのを許す「受け取り」への招待となるからです。問いかけなければ、受け取れません。

　問いかける際に、気付いておかなければならない「黄金の鍵」があります。真の問いかけとは答えを得ることや、正誤の確認ではありません。「これまでとは違う可能性」のエナジーを開いていくことです。

　正しい答えを探すというポイント・オブ・ビューから問いかけるように私たちは教えられ、実際はそうではないのに、何かを問いかけているフリをするだけの「文末にクエスチョンマークがついた文章」を何度も言うように教えられて来ました。どちらも純粋な問いかけではありません。一般的に問いかけをする場合、それは真っ直ぐ答え、ジャッジメントや結論に導いてしまいます。または好奇心、自分のためにより素晴らしい可能性を生み出したいという欲望からよりもむしろ、ある特定の結果を目論んでそれを使おうとします。それは問いかけとは言いません。

　例えば、問いかけのように見えるがそうではない文章がここにあります。「こうなるようにするにはどうしたらいい?」「どうしてこんなことが起きている?」「どんな間違いを犯したのだろう?」「どうしてあの人たちはこんなに意地悪なのだろう?」「どうして給料を上げてくれないのだろう?」「何てこと?!」 これらはただの文章であり、多くの場合あなたや何かが間違っているという想定や結論、またはジャッジメントが既に隠されています。そのどこかに可能性ではなく、ほのめかされた答えがあります。こうではなくこのように問いかけましょう。「まだ求めていない、どんな可能性があるだろう?」「これを創るために自分は何を選択してきて、そして他にはどんな選択肢があるだろう?」「まだ気づいていない、私の正しいところは何だろう?」「意地悪になるという誰

かの選択が自分には関係ないとしたら、私は何を選択するだろう？」「私が給料アップを求める意欲を持つためには何が要る？　そしてお構いなしにもっとたくさんのお金を生み出すために、私には何が創造できるだろう？」そして「自分で認めようとしてこなかった、何に私は気付いているのだろう？」です。

　問いかけのもう一つの鍵は、シンプルにしておくということです。これまでとは違う可能性のドアを開いていくとは、他にはどんな可能性があるのかしら？と思うくらいシンプルなものです。もし、今日一日中「他には何が可能？ ™」「これ以上もっと良いことが？ ™」と、姿を現すあらゆるものにこのシンプルな２つの問いかけをしていったら、何も問いかけていなかった時にはなかった、全く新しい、過剰なほどの可能性と選択肢を招き入れるでしょう。

「問いかけは選択、可能性、貢献と手を取り合う」

　問いかけをすれば、可能性と、これまでにはない選択肢が得られることに気付いてきます。これまでとは違う選択をすれば、またもっと多くの可能性と選択肢に気付いてきます。純粋な問いかけをすれば、あなたに貢献できるユニバースへのドアを開きます。

　ユニバースを自分の親友だと思い、「ねえ、遊ぼうよ!」と言ってみましょう。ユニバースはあなたが求める、まさにそのものをあなたが手に入れるよう願っており、人生にあなたが何を創り出していても、それに貢献してくれるでしょう。

　ユニバースはあなたが選択するものにポイント・オブ・ビューを持っていません。もしあなたの選択が、苦悩、制限、お金がない状態を好んでいることを実証していれば、ユニバースが与えてくれるものはそれになります。遊び心と好奇心の感覚をもってユニバースからの貢献を求めれば、それがエナジーとなり、可能性と選択が姿を現します。

　あなたの選択と、あなたの選ぶ可能性が、自分が望む方向をユニバースに示しているのです。あなたの選択は何を示していますか？　今すぐに、これまでとは違うどんな選択を始められるでしょう？　ユニバースと四六時中戯れていたいですか？

可能なものに対してもっと気付きを持ちたいと望むのなら、こう問いかけましょう。「どんな瞬間にも、自分に可能な選択、可能性、そして貢献にもっと気付くようになるには、毎日これまでとは違うどんなものになれ、どんなことができるのだろう?」

「今からお金を求め始めよう!」

　私たちの多くは、お金を求めるように教えられてきませんでした。特に声に出して言ったりしないように、また強烈な居心地の悪さや気まずさなしには。ですから練習が必要かもしれません。鏡の前に立って求めましょう。「そのお金を今貰えますか?」何度も何度も言ってください。車の運転のように練習してください。求め続けてください。あなたに支払わなくてはならないクライアントや、まだ請求書の支払いをしていない人がいたら、「この分はどのようにお支払いなさいますか?」と求めてください。最初は居心地の悪い思いをするかもしれませんが、求め始めなければ受け取ることが出来ません。

　どんな時でも誰に対しても、お金を求める際に完全な穏やかさがあったらと想像してください。そうすることが自分にとって機能するものを選ぶために、どれだけの自由を与えるでしょう?　どれだけ多くの穏やかさを?　様々なやり方でもお金が現れるのを求めることで、どれほどの楽しみを得られるでしょう?

「お金を招き入れるために、毎日問いかけを使いましょう」

　こちらはあなたの人生により多くのお金を招き入れるために毎日使える、本当に素晴らしい問いかけのリストです。

- まだ私が求めていない、どんな可能性が他にあるだろう?
- まだ私が実行していない、どんな可能性があるだろう?
- 自分の経済的現実を選ぶとしたら、私は何を選ぶだろう?
- 自分の経済的現実にはどうなって欲しいだろう?　それを創り出すために、私はこれまでとは違う何になり、何をしなければならないだろう?
- 今すぐにより多くのお金を生み出すために、今日はこれまでとは違う何に

なれ、何ができるだろう?

- お金の流入を増やす、何に今日注意を払えるだろう?
- 今すぐにより多くの収益と創造の流れを創り出す、何を今日人生に追加できるだろう?
- 私が人生にもっとお金を得るために、他には誰、または何が貢献してくれるだろう?
- 私にもっとお金を作らせてくれる、どんなところにお金を使えるだろう?
- もしお金が問題ではなかったら、私は何を選ぶだろう?
- 経済的現実を変えるために、今日どんな行動が取れるだろう?
- もし自分のためだけ、楽しみのためだけに選ぶとしたら、私は何を選ぶだろう?
- 他には誰が?　他には何が?　他にはどこが?
- そして忘れないで… 今そのお金をもらえますか?

　人生にお金を持つということは、人生を創ること、自分にとって機能する全体的な経済的現実を創ることなのだと覚えておいてください。毎日これらの問いかけを始めて、どんな違いが姿を現すのかに気付くようにしてください。予期していなかった可能性が現れるかもしれないし、ある状況に対して以前よりも反応しなくなっていることに気付くかもしれないし、または周りの人たちが変わってくるかもしれません。それがどんなものであったとしても見逃さず、認識し、それに感謝し、そしてそれを結論づけないように。問いかけ続けてください。どんなものが現れたとしても、より多くを求め、より素晴らしいものを求めてください。問いかけることがあなたにとってとても自然なことになり、あなたがお金に関する可能性のための、誰にも止められない、歩いて話す招待状になったとしたら?

第6章

「楽しく」生きるために、いくらのお金が必要なのかを正確に知る!

　どうしたら借金から抜け出し、望むお金を全て手に入れられるのかと聞かれた時、まず私はこう尋ねます。「そうなるために、毎月いくら生み出す必要があるのか正確に知っていますか?」多くの人たちが借金を創ってしまいがちなのは、自分が欲しい人生を送るためにいくらかかるのか、それにほとんど気付いていないからです。私はこう問いかけるように勧めています。「私の毎月の収入を増やすために、何が要求されているだろう?　支出よりも収入を多くするには?」

　私が強くお勧めしているのがこちらです。自分の人生を営むのにいくらかかるのかを細かく見てみます。ビジネスをしているのでしたら、ビジネスにも同じことをします。

　損益計算書や簿記担当からの書類がある場合、ビジネスを営み、毎月生活するのにいくらかかるのかを割り出すのに使います。計算書がない場合。生活費を全て書き出します。電気代や光熱費などに支払う額、車の維持費はいくら、家の維持費、家賃、ローン、教育費に支払う額を全て書き出します。
　それから現在の借金をそこに乗せます。借金が2万ドル程度の場合、それを12で割ってそこに乗せます。借金が2万ドル以上の場合、それを24か月かそれ以上、好きな月数で割ります。その額を単純にこのリストに含みます。（これが毎月借金返済のために求める金額です。）

　次に、自分にとって楽しいことをするための費用を書き出します。毎月、または2週間ごとにマッサージしてもらうのが好きなら、それも含みます。フェイシャルやヘアカットをしてもらうのなら、それも書き出します。服や靴、本

にはどのくらい払っていますか？　外での夕食にはどのくらい払っていますか？　全て書き出します。もっと旅行に行きたい、両親を訪ねたい、年に何度かはバケーションに出かけたい場合、それも追加します。冷蔵庫でいつでも冷えているいいワインやシャンペンが私をハッピーにしてくれるので、毎月の支出を計算する時には必ずそれも含みます。

　楽しいものも全て入れたら、それらをまとめます。合計額が出たら、自分のために、稼いだ額がいくらであっても、その 10% を追加します。それがあなたの 10% アカウントとなります。10% アカウントを創ることがどうしてそれほど素晴らしく、大切なツールなのかについて次の章でお話します。でもここではただ、入ってきたお金の 10% を確実に取り分けておいてください。それからそこにただ楽しみのために 20% を追加します。何故ならどんなことが起きるかわからないし、そしてどんなことにも準備は出来ていて、自分の選択を制限はしない、という考えからきています。

　合計額はいくらになりましたか？　それが毎月のあなたの生活に必要な正確な額です。あなたが一般的な人と同じような場合、大抵その額は今現在あなたが稼いでいる額よりも少し多いはずです。

　初めてこれをやってみた時、私が人生を創るために必要だった額は、実際に稼いでいる額の倍でした。私は驚愕し、すぐに「こんなにたくさん稼げるはずがない！」と思ってしまいました。でもそこには留まりませんでした。何があっても、私はその額、そしてそれ以上を創り出すという要求を自分自身にしました。そしてこう問いかけました。「完全な安らぎと共に、この額、そしてそれ以上を創り出すには？」　今の私は、最初に目にした時にショックを受けた金額を遥かに上回る額を稼いでいます。半年毎に私はこの計算をしています。私の人生は常に変化しているので、出費も変化しました。そして自分が創り出しているものに完全な気付きを持つように望んでいるので、より多くが現れることを要求できています。

　このエクササイズはあなたの出費を節約したり、何らかの形であなた自身を制限したりするものではありません。多くの経理、または簿記担当はあなた

の情報に目を通して「経費が多すぎますね。所得よりも経費の方が多い。ど
こを削れますか?」と言いますが、私はそのようなアプローチをしません。私
のポイント・オブ・ビューはこうです。「あなたの人生に、他にはどんなもの
を追加出来ますか? 他には何が創り出せますか?」ですから半年、または
1年おきにこのエクササイズをするように勧めています。あなたの人生が変
化すれば、出費、望むもの、そして経済的な要求もまた変化するからです。

 もしこれが、拡大し続けるあなたの経済的なユニバースの、ほんの始まり
だったとしたら? 自分がまさに今どこにいるのか、そしてまさにどこにありた
いのか、そのアウェアネスのギフトを自分に与えなければなりません。そうし
なければ自分の経済状態がどうなっているかにいつも気付かないままなので、
前に進むための次の行動が取れないのです。

 自分のアウェアネスを増やすためにこれをやってみるとしたら? ただ楽し
いからこれをやってみるとしたら? 人生により多くを望んでいると気付くため
に、そして他には何が創り出せるかを知るためにこれをやってみるとしたら?

 お金がないというトラウマ、ドラマから抜け出し、これまでとは全く違う現
実を創って行くとしたら? これはあなたの人生です。それを創っているのは
あなたです。今現在自分が創り出しているものに満足していますか? それと
も変えたいですか?

第7章

お金を持つ

この本の第2章で、もし自分の経済的現実を創ることを望むなら、お金を持つ意欲を持つこと、そしてそうすれば、その意欲が人生に創りだしていくものなのだとお話しました。

自分自身がお金を持つことを本当に許せば、人生に豊かさと富が続いていく感覚を創り出し、それがより素晴らしい経済的な未来を創り出すことに貢献してくれるでしょう。

私はいつでも水のボトルを持ち歩いていたいという、水に対する妙な強迫観念があります。過去生は枯渇で死んだに違いないとよく言っています。何故ならいつでも水を持ち歩いていれば、喉の乾きを感じないことに気付いたからです。その水を飲みもしないのに！ 水を持っていないと、喉が渇き始めるのです。お金もそれと同じだったとしたら？ もしお金を持つことがお金に対する穏やかさを創り、それが欠乏の感覚に勝るのを許すとしたら？

人生にどのようにより多くのお金を持ち始め、富と豊かさの感覚を創り出すでしょう？

こちらに、あなたの人生にお金を手に入れるために実行できる3つの方法があります。簡単なのに効果的なアクセス・コンシャスネスのツールです。そしてそのいくつかは、私自身の経済的現実を変えるために、最初に使い始めたツールです。（もちろん私も最初は抵抗しました。そして思ったのです。これを使ってみて起こりうる最悪のこととは何だろう?と） これを使い、あなたの人生にお金が拡大し、未来に向けて発展していくのを見守りましょう。これらを全て使い、最低でも半年は本当で腰を据えることをお勧めします。そしてあなたのどこが変化したのかを見てみましょう。

ツール1　お金を持つために：10％アカウント

　皆さんにお知らせしたい、お金についての一番大事なツールの一つが、稼いだお金から必ず10％を取り分けておくことです。ドルでも、ユーロでも、ポンドでも、あなたが創り出したどんな通貨でもとにかくそこからの10％です。請求書の支払いのために取り分けるのではありません。もしもの時に備えて貯めておくのではありません。お金が無くなった時のためではありません。今後の大きな支払いのためではありません。友達を助けるためではありません。クリスマスプレゼントを買うためではありません。こんなことのためではないのです！

　自分に敬意を払うために取り分けておくのです。

　「請求書の支払いをしなきゃいけないの！　自分の収入からどうやって10％を取り分けるっての？　まず請求書に支払わないと」人はこのように言います。でもあなたが支払いを先にしてしまうと、もっとたくさんの請求書が来るでしょう。支払いを先にしてしまうと、ユニバースは「わかったよ。この人は請求書に敬意を払いたいんだな。じゃあもっとたくさん請求書を与えよう」と思うのです。もしあなたが10％を先に取り分けることで自分自身に敬意を払えば、ユニバースは「この人は自分に敬意を払いたいんだな。もっと手に入れる意欲があるんだな」と思い、そのように対応してくれます。より多くのお金をあなたに与えます。

　10％の取り分け分はあなたへのギフトです。自分自身に感謝することなのです。

　私が10％アカウントを始めた時は、ギャリーがやるように勧めたから、という理由で渋々やっていました。この10％は、もし「この本が、この人がやれと言っているから」というポイント・オブ・ビューからやったらうまくいかないでしょう。自分のためにしなければなりません。あなたの経済的な部分にまつわるエナジー、お金にまつわるエナジーを変えるためにしなければなりません。私がこう言ったから、この本のこの部分を読んだから、だけではダメなのです。これまでとは違う現実を創る要求をしていきましょう。

「私にとってこれが必要性ではなく、選択になるには?」と問いかけてください。起こりうる最悪のこととは何でしょう?　それを使ってしまう?　でもこれを使うぞというポイント・オブ・ビューからは使えないでしょう。私が 10% アカウントを始めてから 3-4 ヶ月経った後、お金のエナジーが変わりました。お金に対してパニックを起こさなくなったのです。お金に対してパニックを起こしたり、ストレスを感じたりすることが普通になってきている人がどれくらいいますか?　そのエナジーに目を向けてみると、縮小しています。お金も行きたがらないような暗いパーティを開くようなものです。お金は歓びについてきます。歓びはお金についてきません。

今日から始めることをお勧めします。請求書の山があったとしても。お財布の中には $100 しかなく、それで日用品を買わなければならないと思っていたとしても。今日から始めてください。これは論理的、直線的なものではないということです。ここで計算もできますが、ここは計算で成り立つものではないのです。エナジー的にユニバースがあなたに貢献を始め、あなたもあちこちから現れるお金を手に入れ始めるでしょう。

ずっと 10% アカウントにお金を貯め続け、そして請求書が来たらその支払いのためにその 10% のお金を使うのだと言う人がいました。「毎月きちんと全ての支払いを済ませています。それはいいのですが、自分に敬意を払う方法として、請求書の支払いから 10% アカウントに取り分けて、貯める方に優先順位を変えたいんです」そしてその女性はこう尋ねました。「小切手の支払いに追われてお金が足りなくなるのはどうしたら止められるかしら?」

私は「私からの質問ね。『その 10% を使わなかったら請求書に支払うお金がないだろうというところに、いくつの結論がある?』」と言いました。

論理的なポイント・オブ・ビューでは恐らく「ええ、支払いをしなければならないの。そして私には 10% アカウントのお金しかないの。だからそれを使わなければならないの」でしょう。私は論理的なポイント・オブ・ビューからは機能しないようにお願いしています。ここで選択肢が出てくるのです。私はこのように要求する勇気を持つことを勧めています。「いい?　私は 10% アカ

ウントは使わないの」そして創造のために、他にはどんなことが可能なのか
を探求しましょう。

　ある時、私のクレジットカードの1枚の利用額が異常に高くなりました。
10%アカウントにはその3倍の額があったので、もし選択すれば、そのカー
ドの利用分を支払えることを知っていました。私はそうしませんでした。そ
うはせずに、もし10%アカウントのお金を使ってしまったら、それがどんな
エナジーを創り出すかに目を向けました。そのエナジーを察知し、それから
10%アカウントを使わなかったらどんなエナジーを創り出すかに目を向け、
その後カードの支払い用のお金を創り出し、生み出す要求をしました。私に
とって2番目のエナジー、カードの支払いのための創造的なエナジーの方が、
もっと楽しく感じられたのです。
　ですから、それを選択しました。

ツール2　お金を持つために：
お金持ちが持ち歩くだろうと思われる額の現金を持ち歩く

　お財布を開ける度、スカスカの中に入っているシワシワのレシートの代わり
に札束を目にするとしたら、人生にどれほどの違いを感じるでしょうか？　お
財布の中にお金があることを楽しむとしたら？　お金持ちが持ち歩いているだ
ろうと思われる額の現金を持ち歩きましょう。

　私はあちこちに行きますので、それぞれの国の通貨を持つことはとても楽
しいことです。お財布には金貨も入っています。その金貨を持っていることが
私をハッピーにしてくれます。お金に関するゆとりを感じさせてくれます。私に
とってはそうすることがいい感じなのです。あなたにとって気分がいいのはど
んなことでしょう？　どんなことが楽しいでしょう？　どんなものが富の感覚を
与えてくれるでしょう？

　いつでも少なくとも$1000持っているのが好きです。いつも水のボトル
を持っているのが好きです。家の冷蔵庫でワインが冷えているのが好きです。
こういうものが私をハッピーにしてくれます。私にとって楽しいことです。自分

で人生を創り出している感覚を与えてくれます。実際にそれを選択したら、自分の人生を創り出しているという感覚をあなたに与え、これまでとは全く違う経済的現実も創り出してくれるであろうものは何でしょう？

「もし強盗に遭ったり、お財布を無くしたりしたら？」と思い、その考えに躊躇する人もいます。いつも $1800 を持ち歩き、そのお財布を無くした若い友人がいます。それはとても残念なことでしたが、その後は自分のお金により一層気付きを持つ意思を持ったのです！　そんなことが自分にも起きるかもしれないと心配しているなら、私はこう問いかけます。「いつもそのお金に気付いている意思を持つために、いくらのお金を持ち歩く必要があるだろう？」多額のお金を持ち歩いていると、突然自分のお金に一層の気付きを持つようになります。こうしてお金がどこにあるのか、何に気付きを持っている必要があるのか意識的になるので、盗まれたりなくしたりはしません。もしなくしてしまう、盗まれてしまうと思ってしまうからという理由で、お金を持ち歩いたり、人生にお金を持ったりすることを避けているのなら、お金を持つことを絶対自分に許さないでしょう。お金を持つ意思を持たなければなりません。ポイント・オブ・ビューなしに楽しむ意思を持たなければなりません。

ツール3　お金を持つために：
本質的価値があるものを購入する

私は 10% アカウントでたくさんの金や銀を購入しました。楽しいものです。自宅にたくさんの金や銀を保存しておく金庫を持っています。お金がないという感覚を覚えたら、金庫の中を見て「やっぱり私にはお金があるじゃない」と実感します。これは 10% アカウントがあなたにしてくれることの一つでもあります。

本質的価値があるものを購入する（その素材自体に金銭的な価値があるという意味）ことは、お金があることを楽しみ、また価値が変わらない、または時間と共に価値が上がる「流動アイテム」（簡単に現金化できるという意味）を自分の人生に持つ方法です。金や銀、プラチナはオンス、キロ、またはコインで購入できます。アンティークのものやアンティークの宝石を購入することもいい投資となるでしょう。こういったものは時間が経っても価値を保ち

ます。見かけは良くても、購入するとその価値の大部分をすぐに失ってしまう
モダンな家具やファッションジュエリーとは違います。純銀製の食器などは素
晴らしい「流動」資産です。これは実際に使用できる、見た目に美しいもの
で、あなたの人生に富と贅沢さの感覚を創り出すために貢献してくれるでしょ
う。素っ気ないグラスやプラスチックのグラスより、美しいクリスタルや純銀
のゴブレットからシャンペンを飲む方がずっと素敵ではないですか？　自分は
そっちの方が良いとわかっています！

　また内在的に価値あるものの購入を始めるために、10％アカウントに何千
ドルも持っている必要はありません。コーヒー用の銀のスプーンを購入するこ
とから始め、そこに足して行けばいいのです。ただ何をするにも何を購入す
るにも、自分にとって楽しいことに従うことをお忘れなく。人生にそれを持っ
ていることで楽しくなる、価値のあるものについて自分を教育しましょう。

　私はまた、10％アカウントでダイヤモンドと真珠を購入しました。穏やかな
感覚と、自分にはお金があるという感覚を絶えず持つために、10％アカウン
トにはいつも十分な現金があるようにしています。

　お金に対してもっと穏やかで豊かな感覚を持つために、人生にどれだけの
現金を持つ必要があるでしょう？　そしてあなたの人生と生き方のあらゆる面
を広げてくれる、審美、豊かさ、贅沢と富の感覚を創り出すために、他には
どんなものを人生に追加できるでしょう？

第8章
自分を認める

　自分を認めることとは、自分の人生を手に入れ、お金の流れがもっと楽に、もっと楽しくなることを望むのなら、そうする意欲を持たなければならないものです。自分にとっての真実は何かを認めなければ、自分を殺してしまいます。人生の中に既に自分で創り上げたのだと認めなければ、自分は何も達成していないと信じるためにそれを破壊し、元に戻ってまた最初から始めるでしょう。人生を前進するためのもっと簡単な方法は、そのありのままを本当に認め、自分が達成していたことを認め、自分の偉大さにしっかり目を向け、そして自分が創り上げ、変化させてきた物事をないがしろにしないことです。特にツールを使い続け、あらゆるものがあなたのために変化し始めるために、これはとても大切なことです。あなたは自分を認めなければならず、こうなるだろうと思っていたものとは全く違う形で現れたとしても、姿を現したものを認めなければなりません。

　より効果的に自分を認められるようになる3つの方法です。

1. 自分の価値を認める。
2. 自分にとってすること(do)、そしてなること(be)が楽なものは何かを認める。
3. 自分が何を創り出すのかを認める。

「あなたの価値を他の人が見出すまで待たない」

　自分が提供するものには価値があるのだと知るために、他人があなたを認めてくれるのを待っているのですか？　他の皆がどう思ったとしても、自分は価値がある人間だと認めてあげるのがあなただったとしたら？　多くの人はあなたを認めようとして、あなたに目を向けることすらできません。何故ならその人たちは自分に目を向けたり、認めたりできないからです！　もしあなたが

自分の偉大さに目を向けることを厭わず、自分を認めることを厭わなければ、あなたは他人の偉大さが見えるようになり、ただあなたであるだけで、彼らが自分の偉大さに目を向けるよう招くことができるようになるでしょう。

　もしふさわしい恋人を見つけられれば、仕事の面でもっと称賛されれば、または難しい両親に自分を認めさせることができれば、最終的に自分の価値を感じられるとあなたは考えているかもしれません。でもこんなことは役に立ちません。というのは、あなたに本当の意味で価値を感じさせてあげられる人など誰もいないからです。自分自身の人生に価値をしっかり感じていなければ、人がどれほどあなたを素晴らしいと言っても、あなたの世界に染み渡っていかないのです。まず自分に価値を見出さなければなりません。それから他者が認めてくれるのを感知し、そして受け取ることが楽になってきます。毎日「これまで自分で認めたことのない、私の偉大なところはどこだろう?」「もし私が認めれば、私の人生をもっとたくさんの安らぎで満たし、楽しいものとして創り出すであろう、自分の何を認めることを拒否してきたのだろう?」この問いかけで一日を始めるとしたら?

　自分の人生において、自分は貴重な存在なのだと知っておく必要があります。他の人がそう言うからではなく、ただ自分でそうだと分かっているからと言う理由で。最初はそうするのが大変かもしれません。本当に自分の価値を見出すために、自分に対するジャッジを止めなければならないからです。自分に感謝し、自分に正直になり、バリアを張ることなく自分の偉大さを受け取らなくてはなりません。

　初めは自分の価値を見出そう、自分自身に強制しなければならないかもしれません。ノートを作り、自分に感謝するところを書き出しましょう。そして毎日3つずつそこに書き足して行きましょう。もっと楽に自分の偉大さを感知し、知り、なり、そして受け取る要求をしましょう。このプロセスでは自分にコミットし、自分を支えてあげてください。

　「今まで認めたことがない、どんなことがあなたにとって楽ですか?」
　どんな人でも人生のある領域で、考えこむことなく、難しいことだとジャッ

ジすることもなく、楽にこなせるものがあります。ただそれをやってしまう。とっても楽に。人生の中で、例えば車の運転のように簡単だと分かっていることにジャッジメントがありますか？　それとも自分はどんなことでもでき、ただそれになれ、それを選べる素晴らしい運転手なのだと認めますか？

　そうなる、またはそうすることがとても簡単だとわかっていることが、誰にでも一つや二つ、それ以上あるものです。自分の人生にもそのようなものがあるとわかれば、恐らく自分はそれに対するジャッジメントがないこと、そして自分にも、やり方にいつもジャッジメントがないことがわかるでしょう。また恐らく誰かのやり方を参照したりもしないでしょう。ただやってしまうのです。ただそれになってしまうのです！　今そのエナジーを得て、「お金付きでそのエナジーになるには？」

　ビジネスは、私にとって楽にできることの一つです。心から楽しんでいます。私にとってビジネスは最も創造的なことの一つです。ビジネスの場面で起きる事をジャッジせずに、再び選択するだけです。ビジネスがうまくいかない時でも、そのことで自分をジャッジするほど悩んだことはありません。私は友人とある時話をするまで、自分のポイント・オブ・ビューがこれほど違っていることに気付いていませんでした。ある同僚が、私の考えていることなど、彼のビジネスにとっては気違いじみた選択だと言ったのです。同僚のビジネスには歓びなどなかったからです。友人は「シモーン、歓びのためにビジネスをしている人なんて誰もいないんだよ！」と言いました。それは私にとって全くの驚きでした。自分が他の人とは全く違っているのだと認めなくてはなりませんでした。その瞬間まで、みんな歓びのためにビジネスをしているのだと思い込んでいたのです。

　私にとってビジネスは簡単で楽しいものなのに、他の人には必ずしもそうではないと気付いたことが、彼らのビジネスに歓びを持つよう勧めることで、貢献になれるのだとわかってきました。自分の人生により多くを… より多くの歓び、安らぎ、そしてお金の創造への扉を開きました！　私のビジネス「ジョイ・オブ・ビジネス」は創り出され、ビジネスの別の可能性を持つために、世界中の何千もの人々に貢献しています。ジョイ・オブ・ビジネスのファシリテー

ター、クラス、そしてこの本にとても感謝しているという人たちからの連絡を毎日受けています。ただ自分自身であり、自分が楽にできる分野を認め、それを創り出す意欲を持つことによって、私たちはこのように世界の中で力を秘めた存在となれるのです。

　自分が楽にできることは何だかわかりましたか？　簡単なので、価値がないと思っていることは何だかわかりましたか？　自分にとって楽なことは価値がないと私たちは思いがちです。本当に手に入れる価値のあるものは、手に入れづらいものだと信じているからです。もしくは誰にでもできると信じているから、自分にも簡単なだけだと思っています。どちらのポイント・オブ・ビューも真実ではありません。あなたにとって簡単だとしても、それは他の誰にでもできるわけではなく、また価値がないのでもありません。あなたがあなたであり、そしてあなたにはその分野での能力を持っているからなのです。

　自分にとって簡単な事柄を書き出し、それをじっくりと見つめてください。その簡単なことをするのがどんなエナジーなのかを得てください。どれほど自分が輝かしいのかを認めましょう！

　では、楽ではないと決めてしまった全ての場面にそのエナジーが現れるように求めるとしたら？　そのエナジーを認識し、人生でそれが発展していくように求めれば、そうなれるし、そうなるでしょう。それをあなたが認めなければ、より多くを選ぶことは出来ません。

　もしこれほどシンプルなことだったとしたら？　それを知る唯一の方法は、実際に試してみて、見てみることです。何を待っているのですか？　自分では価値があるとは思っていなかった、自分について他にはどんなことを認められるでしょう？

> 「自分が創造したものを認めますか？
> それともそれを却下しますか？」

　いつも親から「お金のなる木はないんだよ、わかってるな?!」言われてい

た友人がいました。彼らは果樹園を営んでいました。彼らにとってお金は文字通り木になるものでしたが、そこが見えていませんでした。実際にこの世界で、お金を木にならせている人であることから来る歓びを、彼らは受け取れないでいました。

　そしてお金の創造について、人生に現れる金額、そして現れない金額を、どれほど頻繁にジャッジしたり却下したりしているでしょう？　むしろ1ドルでも拾い上げ、それを認めて「ステキじゃない。どれだけ楽しめるかな?」と問いかけるとしたら?

　友人の一人が最近、オーストラリアの有名な競馬で200ドル賭けて2万ドル勝ちました。私も大興奮でした。彼とこのことを話した時、まず彼は誰にギフトするか、そして何に使うかに目を向け始めました。私は彼に尋ねました。「この素晴らしい創造をただ受け取ったら?　ただこのお金を持っていたら?」

　彼がそのお金をギフトしたい、使いたいと言うのが正しい、間違っているということではありません。しかし彼は自分自身を認めるための時間を取っていませんでした。そのエナジーと、人生に創り出すであろう可能性の感覚を、このような承認と共に気付きましょう。「私は今日本当に素晴らしいものを創造した。もし自分の人生にこのお金をしっかりと受け取り、そしてこの事実と自分に心から感謝したとしたら?　自分が創造したものを心から楽しむとしたら?　私はどれだけ楽しめ、そして今他にはどんなものが創り出せるだろう?」

　私たちは自分の創造する能力に感嘆することを自分自身に許しません。もし入って来るどんな少額のお金にもこうできたとしたら?　自分自身に心から感謝し、自分自身を心から認めたとしたら?　自分の創造する能力を楽しめば、より多くがやって来ます。

　自分は却下している、でも本当は人生にどれだけ創り出していますか？もし、人生に起きること全て、創り出されたもの全てと完全にその瞬間にあり、そしてその全てを、感謝を持って受け取ったとしたら?

第9章
大好きなことをしよう

お金のために何かをする人たち、世界の中で何か違うものを創り出すために何かをする人たちがいることに、私はずっと気付いていました。

例えば、自分のユニバースに溢れる創造力と能力を持っている女性を知っていますが、彼女はいつも「もしこれをするならこれくらいの額は欲しいわ。これが私の要求額」と言い、そして安くはないのです。彼女は大金を要求しながら、まだ何もしていないのです。誰かが大金を支払うことに同意するまで何も創り出さず、そしてその人は、彼女に何ができるのかを目にしたことがありません。彼女にこう尋ねたかったのです。「ただ創っておいて、それから何が姿を現すのか見てみたらいいじゃない?」 自分には多額のお金は稼げないと信じたり、または新しいことを始める時に少しでも支払ってもらわなければと想定したりすることではありません。自分が大好きなことをするのを、何にも絶対に止めさせないとしたら? お金に関係なく、とにかくただやってみるとしたら?

お金のために創造してはいけません。創造を始めて、お金が現れるのを許しましょう。そしてお金が現れたらお祝いし、感謝しましょう。

そしてそこで止まらず、人生に追加し続けましょう。そこには自分が大好きなことをもっと加えてしまいましょう。そしてお金が遊びに来るよう招き続けましょう!

「どんなことをするのが大好きですか?」

美容師である私の友人が、もっと収益の流れを創ることについて質問してきました。私は「あなたがやって大好きなことって何?」と尋ねました。「運転が大好きよ」と彼女は答えました。

彼女はカリフォルニアに住んでいて、高速道路には8車線あり、それは異常に混み合っていましたが、彼女は運転が大好きなのです。私はサンタバーバラに行く時、ロスの空港に迎えに来て送り届けてくれるように彼女を雇い始めました。14時間のフライトの後、誰かが空港まで迎えに来てくれるのはとてもいいものです。彼女には今、他に3人のクライアントがいます。彼女は大好きなことをして、別な収益の流れを創り出しました。多くの人はこのように思います。「私は運転が好きだけど、それでどうやってお金を稼げるって言うの？　タクシーの運転手になんてなりたくないわ!」　そうではなく、私の美容師の友人のように、ただ自分が大好きなことに注目し、楽しいものを創り出す意欲を持ったとしたら？　それが選択と可能性、そして受け取る意欲です。

自分がするのが大好きなことに目を向け始めなければなりません。メモを出して、自分が大好きなことを何でも書き出しましょう。どんなことでも構いません。料理、庭いじり、読書、犬の散歩、人と話すことなど。それがこの世界で価値があることなのかなどと考えず（何故ならご存知の通り、それはあなた自分にとって簡単で楽しいことなら、あなたは自動的にそれを価値のないものだと思ってしまうからです）ただ書き出しましょう。あなたにとって楽しくて大好きなことなら、リストに入れましょう。次の日も次の週も、そこに追加していきましょう。そしてそれに目を通して… 自分が大好きなことを十分やっていますか？　覚えておいてください… お金は歓びについてきます！　そしてこう問いかけてください。「この中のどれから、今すぐ収益の流れを創れるだろう？」そしてひとつ、またはいくつかがあなたの目に留まるかどうかに注意を向けましょう。もしそのあなたにとって簡単で楽しいことが、想像以上に、本当にあなたにお金を稼がせてくれるものだったとしたら？　今すぐにそれを現実として創り出すために、あなたは何をして、誰と話し、どこに行かなければならないでしょう？　そしてどれだけの楽しみを創り出していけるでしょう？

「他には何を追加できる？」

富を創り出すことについて私のお気に入りの本の内の1冊は、ジェームス・ヘスターの「ペニー・キャピタリスト」です。ヘスターは「経費を削りなさい」とは言いません。「無駄遣いを止めなさい」とも言いません。「自分が稼ぐお

金から、もっとたくさんのお金をどのように創り出せるだろう?」と問いかけます。この本のほとんどは、今あるお金がたとえ5ドルでも、50ドルでも、5千ドルでも、5万ドルだとしても、そこからどのようにお金を稼ぐかについて書かれています。

ギャリー・ダグラスもこの点では優れています。アクセス・コンシャスネスは巨大な国際ビジネスで、彼は世界中を飛び回る中、アンティークや美しい宝石を買うこと、そしてブリスベンにある彼のアンティークショップでそれを販売することを非常に楽しんでいます。これが彼の別の収益の流れです。そうすることが彼にとっては楽しいことであり、彼が優れていることなので、彼はそこから利益を得ています。

今日いくつの収益の流れを創り出せますか? 一つの流れである必要はありません。複数の流れがあってもいいのです。もし好きなだけ創り出せるとしたら? もし手元にあるお金から、お金が稼げるとしたら? 今現在私にはいくつかの収益の流れがあります。私はアクセス・コンシャスネスのワールドワイド・コーディネーターで、「ジョイ・オブ・ビジネス」というビジネスがあり、そこには12カ国語に訳された本、クラス、テレコールやプライベートセッションが含まれます。また急速に伸びている株式ポートフォリオがあり、そしてオーストラリアのヌーサ川添いに投資用の土地をパートナーと所有しています。更にちょっとした楽しみのために、ガイ・ウォーターハウス(オーストラリアのトップ競走馬トレーナーの一人)の元にいる2頭の競走馬にも投資しています。一般的に、求められる収益の流れに数の制限はありません。あなたがそれを受け取り、そして楽しむには?

「少なすぎる」「大変すぎる」「横道にそれている?」と決めてしまったので、お金の創造を拒否したことが何度ありますか? そんなことは関係ないとしたら? もし楽しいことなら、関係があります。歓びとはあなたの想像以上に、あなたの人生の幅を広げてくれるものです。

もし自分のビジネスにもっとたくさんのクライアントを求めているなら、または自分の仕事に飽きてきたのなら、「他には何をここに追加できる?」と問い

かけましょう。私はいつも新しく興味が湧いたものを追加しています。大体私たちは同じことを何度も何度もするのが嫌いだからです。繰り返しが嫌いなのです。やることが十分ないと飽きたり、困惑したりします。飽きたり、困惑したりするとはどういうことでしょう？　妙に感じられるかもしれませんが、私が話した多くの人たちがまさにそのような窮地に立っています。人生に起きるあらゆることに困惑したように感じ、そして同時に全く退屈しています。こうなった時に多くの人がしてしまう「自動的な反応」は、サイズを縮小したり、簡素化したりしようと試みることです。でもそんなことをして本当に助けとなったことがありますか？　もし全く違うことを試してみるとしたら？　あまりにもやることが多過ぎると思っているのなら、それは間違いです。あなたはその2倍できます。他にはどんなものが創り出せるでしょう？

　もっともっと多くのものを人生に追加していけば、特に自分が大好きなことで創造しているのなら、退屈も困惑も溶けてなくなり、そして人生はもっと楽しい生きる冒険となっていきます。

　私がアクセス・コンシャスネスのワールドワイド・コーディネーターとして始めた当時は、まだ5カ国でした。8‐10年後に40か国に広がり、今は173か国に広がっています。これは多過ぎる、または大変なことだと決めてしまったことが何度もありました。しかし広い視野をもってビジネスの全体を見渡し、そして他には何をビジネスに加えられるだろう、他には何が、そして誰が貢献となりうるだろうと問いかける意欲を持てば、次に何を選ぶのかが自分にはわかるのだと気付きました。
　それに困惑しがちなプロジェクト、またはあなたの人生のある部分を今、広い視野をもって見渡す練習をしましょう。そこに目を向けて、「他には誰がこの貢献となりうるだろうか？」「他には誰がここに何かを追加してくれるだろうか？」「他には誰が私よりもこれをうまくやってくれるだろうか？」と問いかけましょう。これらは全て困惑しないように、またもっと明確さを創り出すために使える問いかけです。

　もう自分の手に余ると思ったら、「これら全てにもっと明確さと安らぎを得るために、何を人生に追加できるだろう？」と問いかけましょう。人生に追加す

ることが、あなたが望むものをより多くを創り出すでしょう。人生から減らすことは、そうはしてくれません。

「他の人たちとは違うものを創り出している?」

　ある時クラスで新しい収益の流れを創ることについて話している時、参加者の一人がこう言いました。「あなたの言うことはわかります。私は本を書きながら、その他にいくつかの収益の流れにも取り掛かっています。でも『この新しい流れのせいで、執筆から遠ざかっている』『執筆のせいで私が創りたいワークショップから遠ざかっている』と思ってしまうのです」

　このような懸念はよくあります。この現実は、他のことを始める前にまず、一つを終わらせるべきだと思っているからです。それはあなたにとっての真実ですか?　それがあなたに機能しますか?　たくさん抱えている方がもっと楽しいでしょうか?　考えてみてください。

　以前の私のビジネスパートナーはいつもこう言っていました。「シモーン。一つのことを終わらせてから別なものを始めるべきだよ。一度にたくさんのことをやり過ぎだよ」そしてもちろん私は自分のノウイングとアウェアネスを否定し、彼が正しいと思ったので、一つのことをしてそれを完了させ、それから他のことをしようとしましたが、頭がおかしくなりそうでした。それは「私」ではなく、私の創造の仕方ではなかったので、そのやり方は本当に辛いものでした。

　そこに注目し、自分は一度に少なくとも 10 または 20 の案件を扱うことを本当に楽しんでいることに気付きました。それが私には楽しいことなのです。その案件が「ねえ、今は私の番じゃない?」と私の注意を引きたい時、アウェアネスに軽くささやきかけて来るのを、その場その場で扱っていくのが大好きなのです。

　自分の創造の仕方を間違ったものとしてジャッジしなかったら、もっと創造することにもっとどれだけの楽しみを得られるでしょう?　全てのプロジェクトに注意を向けられるとしたら?　自分が創り出したい収益の流れを、複数持てるとしたら?

複数の収益の流れを創り出すことは、大切な概念です。この概念を受け入れるのに問題がある、またはこれは恐らく自分には機能しないと思うのでしたら、考えてみてください。これは私の創造の仕方です。そして他の多くの素晴らしい人たちが創造しているのを私が目にしているやり方です。自分の快適空間から出て生きる意欲を持たなければなりません。

　あなたは他にどんな収益の流れを創り出せるでしょう？　あなたの収入を増やしてくれるであろう、誰を、そして何を人生に追加できるでしょう？　もう一度言います。新しい収益の流れを創ることが、直線的なことではなかったとしたら？　問いかけましょう。そしてより軽く、より広がりのあるものに常に従って行きましょう。自分の知っていることに従いましょう…　あなたはいつも知っているのですから！

第 10 章

自分が言うこと、考えること、そして行うことに気付きを持つ

　拡大する経済的現実を創ることは、現在進行形の、お金への開かれた招待として人生を創ればずっと簡単です。自分自身の人生の中でこの招待となるためには、お金を招き入れないようなことをしたり、言ったり、考えたりするのを止める必要があります。あなたが話すこと、またはお金のことで頭に浮かんだ思考全てに耳を傾けていきましょう。特にあなたが自動的に真実だと信じてしまいがちで、普通問いかけをしないこういったものに…　もしこれらが全く真実ではなかったとしたら?

　例えば素敵な車を見て、でもそれを望んだ瞬間、絶対に自分には買えないと決めてしまったとします。あなたは今、お金を招き入れませんでした。「あの車、またはあのような贅沢なものが人生に楽に姿を現すには?」と問いかければ、自分の人生に招き入れることができます。これが問いかけです。これが要求なのです!　「あんなものは変えない」と言うことは結論、制限であり、お金も、他の可能性も姿を現せない行き止まりです。これらは認識的ではなく、より大きな安らぎと共に人生にお金が姿を現すのを止めてしまう、私たちがよくやる自動的なやり方です。

　私の親友は二人の子供を持つシングルマザーで、「私には買えない」と絶対に言わない人です。実際に彼女は自分の要求リストを作っています。自分の人生に創り出したいものを要求し、それを見て、どのようにそれを創り出せるかについて問いかけます。

　彼女は子供と一緒にホリデーに行きたかったので、旅行会社に行きました。旅行会社の女性はツアーの見積もりを渡しましたが、友人は「ツアーでは行きたくないの」と言いました。その女性はツアーで行かない場合はずっと高額になるだろうと言いました。友人は「そんなに高いんだ。ツアーで行くべ

きね」とは決めず、旅行会社の人に「では子供と一緒にツアーではない旅行するなら、それも上のクラスで旅行するならいくらになるかしら?」と質問しました。彼女は自分自身を止めたり、自分が創り出せるものへの可能性を止めたりしませんでした。自分が創り出すものを要求したのです。

お金に関することであなたが考え、信じ、言い、そしてすることにしっかりと注意を向ける意欲を持つ必要があります。それがまさにあなたが創り出すものだからです。もう一つそこに目を向ける方法は、あなたの思考、言葉、そして行動によって、自分の人生を呼び出して(魔法の言葉のように)存在させていることです。例えば「お金がない、いつもない、絶対にない」というのは呼び出しです。お金がない状態を人生に呼び出しています。「これができたらいいなぁ、でも選択肢がないね」とどれほど頻繁に思っているでしょう?「選択肢がない」というのは、あなたがそう言い、そう思う度に創っているまさにその現実です。何も選ばないことによって、そのポイント・オブ・ビューに従って自分の世界を創造するでしょう。これは賢いことでしょうか?それとも?あなたが思うこと、言うこと、そしてすることはとてもパワフルで、それが今まさにその人生を創り出しています。もし自分に機能していないところを変えたいのなら、自動操縦から抜け出し、自分が創り出している物とその瞬間にいる意欲を持たなければなりません。

「願うことと創造すること」

願い事を書き出し、それが姿を現すことを望み、でもそれを創り出すための行動をとらないことがどれほどあるでしょうか?

これまでとは全く違う経済的現実を創り出すことにはコミットしたくないのに、それでも全ての結果を欲しがる人たちを本当にたくさん見てきました。皆こう言います。「100万ドルあったらなぁ」彼らは自分が手にしていないものに不平を言ったり、トラウマ、ドラマにはまり込んだりはしますが、それを創り出すためのほんの一歩ですら前に進もうとはしません。もし今自分に完全に正直になることを厭わないとしたら、そのようなシナリオにどれだけ親しみを感じますか?創造にコミットするよりむしろ、何を願っているのですか?

コミットメントとは、自分が信じるものに時間とエナジーを与える意欲です。実際に100万ドルを創り出すと信じているのに、それがただ願い事リストに載っていないとしたら？

願い事とは基本的に、それは手に入れられないと既に決めてしまった時に選択するものです。100万ドルあったならと願う時、あなたは問いかけ、それが人生に姿を現すための創造へと一歩踏み出すのではなくむしろ、自分が手にしていないという事実をジャッジしています。どうして自分はそれを手にしていないのかをジャッジし、手にしている人たちをジャッジし、自分には絶対そう出来ないことをジャッジします。自分の人生にコミットし、100万ドルを創り出すことにコミットするよりもむしろ、どうしてそうなれないのか、理由と正当化のリストを思いつくのです。

ギャリー・ダグラスの素敵な言葉があります。「あなたがジャッジメントを選ぶ唯一の理由は、自分がコミットしなくてもいいことを正当化できるから」あなたが願っている時、自分が望んでいるというものへのジャッジメントにコミットすることを選んでいます。人生にコミットするよりもむしろ、自分へのジャッジメントにコミットしています

もし冷酷なまでに自分に正直になったら、今自分の人生にどれだけコミットしているでしょう？　10%？　15%？　20%？　最大で20%のみコミットすることの良い点は、100万ドルが人生に現れなくても、自分のせいではないということです。何故ならあなたは20%しかコミットしていなかったから。もしそれを変えるとしたら？　人生に100%コミットする意欲がありますか？

今日、絶対に実現しない願い事リストではなく、自分が人生と経済的現実の中に創り出したいと望むもののリストを書き始めるとしたら？

リストにじっくり目を通します。そして自分に問いかけましょう。「これらの創造にコミットする意欲がある？」　毎朝問いかけましょう。「これを創り出すために必要なものは何？」そして「これが起きるためにどんな行動を起こさなければならない？」　それからその創造のためにちょっと努力しなければなり

ません。あなたは選択を始め、そして何が現れるかに目を向けなければなりません。

「10秒刻みの選択が、『お金を招かない』から『招く』に変える！」

　まるで10秒毎に新しい選択があるかのように生きたとしたら？　そうできると知っていますか？　自分のどんな選択も同じところには留まらないと知り、10秒毎に選択できるのです。ここのもう一つの見方です。10秒後にあなたの選択は全て期限切れになると想像してみましょう。もしある方法で続けたければ、もう一度それを選択するだけです。でも10秒毎に選択し続けなければなりません。ですからそれが本当に手に入れたいものなのかを確認した方がいいでしょう！　10秒毎に結婚できます。10秒間パートナーを愛し、10秒間憎めます。10秒間離婚し、それから次の10秒またその相手を選択できます。お金にもこうできます。お金がないことを10秒間選択し、次の10秒はお金を創る選択をします。もし選択がこれほどまでに簡単だったとしたら？

　何かを選択し、それから新しいアウェアネスを得てまた選択します。どんな選択でも可能なことへのより多くのアウェアネスを与えるのに、ありったけの選択をしない理由は何ですか？　問題は、特にその選択したものを重要視すると、その選択の中で動けなくなってしまうことです。正しい選択、間違った選択があると考える時に、その選択を重要視しています。

　今住んでいるところから引っ越したいのに、どこに引っ越すかで自分をジャッジしている女性と話しました。彼女は選択しようとしていませんでした。最善の、一番正しく、一番良い、完璧で正確な選択をしたいと思っていました。自分に選択肢は一つしかないので、完璧な選択の方が良いと思っているようでした。でもこれはうまいやり方ではありません。二者択一ではありません。選択には無限の可能性があるのです。

　あなたが選択すれば、その選択が現実を創り、そしてアウェアネスを創ります。選択は人生の中に重要性や、不変の頑なさを創りません。自分でただそう思っているだけです。お金に関してかなりこのやり方をしています。今あ

るお金、現在稼いでいるお金は無くせないと決めているので、今あるものを脅かすかもしれない選択はしません。あなたはお金を失う意欲を持たなければなりません…それを選び、変え、創造する選択をする意欲も持たなければなりません。その全てを選ぶ意欲を持たなければなりません。

　選択の重要性から抜け出すためには練習する必要があります。10秒毎に選ぶ練習をしましょう。簡単なことから始めます。私がこのツールを使い始めた時、「はい、ここを歩くわね。はい、今お茶を淹れる選択をしている。今何を選ぶ？　外に歩いていこう。この花の香りを嗅ごう。椅子に座ろう。今度は立ち上がって中に入ろう」自分に選択させ続け、そしてその選択と完全にその瞬間にい続けました。どの選択も楽しみました。自分の選択を重要だ、正しい、間違っている、または意味があるものにはしませんでした。ただ楽しみのためにただ選択しました。選択と、「今ここ」の練習を始め、それぞれの選択が人生にどんなものを創り出すのかに目を向けましょう。体はどのように感じ、そしてあなたにはどんなことが起きるでしょう？

　その選択があなたにとってうまくいったのなら、やりましたね！　選び続けてください。そして選択したものがあなたにとって機能しなかったら、選び続けてください。

　あなたが選択する度、一か所に留まらないノウイング（知っていること）というギフトを自分自身に与えられたとしたら？　もし何かを選択し、それにいくらかのお金がかかり、自分がそうだと思っていた通りにいかなかったら、その最終選択をした自分をジャッジし、懲らしめるために時間を無駄にすることはありません！　ただ再び選択しなければならないだけです。自分を立ち上がらせ、そして別なものを選択しましょう。自分が望むものを創り出すために必要なものに目を向け、選び続けましょう。ジャッジメントは、あなたの人生により多くのお金の流れなど決して創り出しません。今あなたはどんな選択ができるでしょう？

　10秒毎の選択とは、気まぐれに、絶えず考えを変えることではありません。それでは何も成し遂げられないでしょう。あなたにとって本当に可能な無限の

可能性への、もっとずっと素晴らしいアウェアネスを与えること、そして安らぎと歓びを持ってどんな選択でもできることなのです。自分には選択肢があり、それを変えられると知ることです。あなたは選択し続け、心から望むものを実際に創り出せるのです。

　もし毎日どの瞬間にも、人生を変え、現実を変える選択ができるとしたら？
　二度と絶対に自分をジャッジしないという選択は、本当に大きな選択でしょう。こうすることが人生にどれほどの変化を創り出すかを想像してみてください。あらゆるものを変えてしまうでしょう。今年、または来年のいつかに選択したいものですか？　何を待っているのですか？

第11章

特定の結果を想定しない

　人生での選択となると、始める前からどれほど結果を想定しているでしょう？ 皆さんにお伝えしたいことがあります。これは姿を現さなくてはならないと自分で決めてしまった物はどんなものでも、大抵は制限です。ユニバースはもっと素晴らしいものをあなたに届けられます。ユニバースはあなたに可能なことの大海を丸ごと与えたいのに、あなたはビーチに座り込み、一握りの砂しか見ていません。

　物事がどのように姿を現すか想定するのを止めたら、あなたが今想像できるものを超えて、それはどのように現れるでしょう？　人生にある特定の結果が必要だと信じるのではなく、それがどんなものであったとしても、人生と生き方を完全に拡大してくれる選択にコミットしたとしたら？

「あなたの未来を拡大し、より多くのお金を創り出す選択にもっと安らぎを得るためにどんなことができるでしょう?」

　いくつかのオプションの中から選択することになった時、助けとなる二つの問いかけです。
- もしこれを選んだら、5年後人生はどうなる？
- もしこれを選ばなかったら、5年後人生はどうなる？

　この問いかけをする際、自分がベストチョイスだと思うものを前もってジャッジしてはいけません。それぞれの選択が創り出すもののエナジーを、ただ自分自身に得させましょう。それがあなたに論理的、認識的な感覚を与えなくても、より広がりのあるエナジー的な感覚に従いましょう。あなたの一つひとつの選択が広がりのある感覚に従い、それがあなたの現実と共に他の人たちの現実をも変化させるものだったとしたら？　軽さと安らぎの感覚に従うあなたの一つひとつの選択が、あなたのお金の流れを変えるとしたら？

私とパートナーは家のリフォームをしたばかりで、それに25万ドル近くかかりました。私たちはそれをネガティブなポイント・オブ・ビューから見ていました。「多分払えないわ」「リフォームするべき？　それとも他のことにお金を使うべき？」「家はいい状態だし、リフォームする必要などない」でもそれが未来に創り出すものに目を向けた時、（『もしこれを選んだら5年後の私たちの人生はどんな風だろう？』という問いかけ）自分たちが人生に創りたいと願うもののエナジーと合致しました。優雅で、退廃的、絶対的な美しさです。ブレンドンが創り上げた芸術美は信じられないものです。このリフォームは本当にたくさんの可能性に貢献してくれました。一つはブレンドンが今、これまでとは全く違うものを創り出す自分の能力を認めることを厭わないことです。私たちの家に来る職人のほぼ全員がバスルームを見ては「こんなバスルームは見たことがない！」と言います。本当にユニークで他では見られないようなものなので、クリエイトしているものへの好奇心を生み出します。もう一つは、今私たちの家は買った時よりもかなり価値が上がっており、より多くの投資オプションのための純粋価値を創り出しています。あなたがずっと認めようとしてこなかった未来に向けて、今日より多くを創り出すためにどのようにお金を使えるでしょう？

　そしてもっと楽しめば、もっとたくさんお金を稼げるのを忘れないでください。

　もし選択が、食事を調理するくらい簡単なことだったとしたら？　食材を変更したり、別のスパイスを加えたり、突然決められるとしたら？　もし「本当はこの特定のレシピでこの時間通りに作るべきなんだけど、もしその通りにやらなかったら今日は気分の悪い夕べになるし、私は悪い人という意味になるのかしら…」とは考えず、「今料理したくないわ。夕食は外で食べましょう」と言えるとしたら？

　これまでとは違う選択を素早く楽にしても構わないと思える部分が人生にはありますが、私たちの多くはお金をとても堅固、リアルで重要なものにしてしまっており、何か別なことするという選択はできないと思っています。いいえ、本当はできるのです。お金は他のものと同じように簡単に、素早く変えられるものです。

「変化のためのもう一つのツール　それに浸る！」

　何かを選択することについて考えていて、自分がそれを選ぶことを望んでいるのかがはっきりしなかった時はいつでも、その選択に浸る時間を自分に与えてみたらどうでしょう？　何かに浸るとは、「〜に降伏する、その快楽を自分に与える」という意味です。私はこのツールを使ってその選択に浸り、そこにどんなエナジーがあるかを見るのを勧めています。例えばビジネスで成功を収めるために、従わなければならないあるシステムがあると言われたり、教えられたりしてきたとしましょう。それがうまくいくのかどうかはっきりしなければ、ツールを使ってみて、それが創り出すものをみてください。一週間はやってみましょう。それから次の週はそれを止めて「今週はこの成功システムには従わない。エナジーに従い、それを元にして選択する」ことを選びましょう。こうしてみて、何が現れるか見てみましょう。私はこれをやってみた時、二番目のアプローチ法の方がずっと軽いことに気付き、そして自分の道から抜け出すことを厭わなければ、どれだけの可能性が現れるのかに驚かされました。

　例えば、私は一度ビジネスの「エキスパート」から、ビジネス関連のメールは平日に送るもの、週末に送るべきではないと言われました。ですから最初の週は、そのように機能するものだと言われてきたシステムから機能しようとしました。その選択に浸ってみました。月曜日から金曜日までの間にビジネス関連のメールを送り、電話をかけました。週末はいつものやり方に戻り、自分のアウェアネスに従い、自分にとって適切だと感じられたときにメールを送付し、電話をかけました。日曜の夜にメールを送ることすらありました。「営業時間」というものは、私にとって何の意味もないということに気付きました。どんな時でも営業時間で、自分の歓びに関することなのです。自分に都合のいいようにしていた時、私のビジネスもより拡大していました。

　このツールはどんなものにも応用がききます。私がパートナーのブレンドンと大きな家を借りることを話し合っていた時、二人はまだ一緒に暮らしてはおらず、これはお互いにとって大きな契約でした。「自分がそうしたいのかどうかわからない」と彼は言っていました。

「じゃあちょっと浸ってみたら?」と私は言いました。それから3日間、彼は私と一緒に引っ越さないことに浸り、それから3日間、私と一緒に引っ越すことに浸ってみました。これを終えてみて彼は「これは簡単ではっきりわかるね。君と暮らす方がずっといい。ずっと楽しく感じるよ」と言いました。

何かに浸ってみると、それを選択することで創り出され、生み出されるエナジーにずっと気付きを持ちます。それが創り出すものに気付きを得ていきます。ですから可能性に浸ってください。この現実の成功の概念、成功のシステムに浸り、それから浸るのを止めます。エナジーに従い、この現実のルールに反することに浸ります。どちらが軽いですか?

もし規則も規律も基準点もなかったら、あなたは何を創造しますか? もし究極のゴールや理想の結果などなく、ただ無限、無制限の創造があるとしたら? 今日お金を稼ぐあなたの冒険はどんなものになるでしょう? 冒険の中には規則も規律もなく。あなたが選べるものに無限の可能性があるだけです!

ただそれが楽しいからという理由で、これまでとは違うものを選んでみるだけだとしたら?

第12章

成功や失敗、必要性、欲求を信じるの を止める

　成功とは、人生にあること全てを正しくすることによって定義されると私たちの多くが信じています。でも成功とはいかに正しくあるかとは関係ありません。ある時私はテレクラスシリーズを行っていて、ある人が「あなたのクラスとても良かったです」と言ってくれました。私は即座に正しくあることに焦点を当て、「最悪！　これからまだ３回もコールがあるのに。そのコールがうまくできなかったとしたら？」と思ってしまいました。おかしいですよね！　このようなポイント・オブ・ビューはすぐに浮かんできます。正しくなければならないなんて、どこで決めて来たのでしょう？　「正しい」なんてことはありません。「間違っている」なんてこともありません。成功とは銀行の口座にあるお金の額ではありません。成功とはお金や変化、アウェアネスやコンシャスネスであっても、私たちが世界に望むものを創り出すことです。自分がまさに欲しかったもの、狙っていたものを受け取ったことが何度ありますか？　狙ったものをいつも気にかけていなくても、心から望むものは何でも創造してきたのです。

　私は人々が世界を見る、その視点を変えたいと望んでいます。もし一人でもその人のポイント・オブ・ビューを変えることに成功したら…　私は成功者です。そのポイント・オブ・ビューから言えば、私は何千回以上も成功を収めています。自分では認めたことがない、どこであなたは既に成功を収めていたでしょう？　物事を変化させるためには成功しなければならないと、人生でずっと思い続けてきました。あなたはもう既に成功しています。そして人生の何かを変えたいのなら、ただそれを変えられるのです。

「落ちる / 転ぶことと失敗すること」

　何年も前に、馬に乗っていて酷い怪我をしました。それから馬に乗る時はいつでも「どんな風に落ちるのかしら？」「いつ落ちるかしら？」というポイント・

オブ・ビューを持っていました。全て落ちることです。でもスキーをする時は
全く違います。転ぶというポイント・オブ・ビューを持ったことがありません。
転んでも気にしません。スキーをしていて転ぶとしたら、私はとても速く滑り
下りるので、大抵スキーも足もあちこちに飛び散って大変なことになるのでしょ
うが、それでも平気です。

　私は楽しみのためにスキーをします。その歓びのためにスキーをします。「他
にはどんなことができるだろう？　どんなジャンプができるだろうか？　この木
の間をどれだけ速く滑り降りられるだろう？」といつも問いかけています。冒
険なのです。乗馬の時とは全く違っています。全く逆のポイント・オブ・ビュー
を持っている人たちを知っています。乗馬が大好きで、馬から落ちても全く気
にしないのに、スキーは怖いのです。楽しいとは何か、落ちる／転ぶことと
は何か、そして失敗とは何かの間にある違いを創り出すものはただ一つ、私
たちのポイント・オブ・ビューでしかありません。失敗とは全くの嘘偽りです。
ジャッジメントはいつも、あなたがより多くを創り出すのを止めます。

　正しくしなければならないと、そんなことを決めてしまいましたか？　自分
のビジネスは正しくしなければならないと決めてしまいましたか？　もしくは正
しい決断をしなければならないと？　もしくは間違った決断は避けなければな
らないと、または落ちること、転ぶこと、失敗を避けなければならないと？
もし選択がアウェアネスを創ると知っているとしたら？　うまく機能しないこと
に多額のお金を使ってきましたか？　いいですか、選択がアウェアネスを創り
ます。だとしたらあなたは今何を選択したいですか？　失敗ではない、間違
いではないと計画したようにはうまくいかない選択。それはただ、あなたが
考えたものとは違っているだけです。

<blockquote>「あなた本来の姿の通り、
人とは違っているありのままになる時だとしたら？」</blockquote>

　もしあなたが失敗作でも間違いでもなく、ただ他の人と違っているだけだっ
たとしたら？　あなたが自分だと思っていたものと違っていて、そして他の誰
のためでもなく、自分に機能するものを選び始めるとしたら？　あなたは本当

112

に失敗するでしょうか？　それともあなたがこれまでに創りあげてきたものとは全く違うものを創り出すでしょうか？

　これらは自分の他の人との違いを認め、失敗という考えを手放すために使えるエクササイズです。

　1. 人生の中で、自分の失敗だと信じていることを書き出します。ビジネスで失敗しましたか？　お金を失うような選択をしましたか？　ひどい別れ方をした恋愛がありましたか？　学校で数学の単位を落としましたか？　書き出したらそれを見つめ、一つずつ問いかけます。「これを失敗としてジャッジしなかったら、ここからどんな貢献を受け取れるだろう？」「これがなかったら得られなかったであろう、どんなアウェアネスを私の人生に創り出したのだろう？」頭に浮かんだものを書き出します。自分へのジャッジメントから抜け出し、貢献、変化、自分のために創り出されたアウェアネスに気付けるよう求めます。

　2. 自分の「個人的におかしい / 間違っている」と信じているものを書き出します。自分の在り方、行動のどんなところをジャッジしていますか？　先延ばしにすること？　整理整頓しないこと？　常に完璧を目指すこと？　自分がおかしい / 間違っているとジャッジするもののリストを見つめます。問いかけましょう。「これに関するおかしい / 間違っているというジャッジメントを取り除いたら、実際にどんな強みになるだろう？」先延ばしにすることに何の強みもないと思うかもしれません。しかし先延ばしにする人の多くには、自分では認めたことがない、物事のタイミングへの素晴らしいアウェアネスがある、または自分で思っているよりもずっと創造する能力が実際にあるのに、人生において十分に実行していないのを私は見つけました。彼らがジャッジしている「先延ばしにすること」、これは実際には彼らが認めていない強み、能力であり、またはそれを自分に有利なように使いこなせていないだけなのです。あなたの「おかしい / 間違っている」こと全ても真実だったとしたら？　このエクササイズで、いくつの強みを開花させられるでしょう？　自分はおかしくもないし、間違ってもいないことがすぐわかるでしょう。

「お金は必要ない、お金は欲しくない…-そうです、どちらも違います！」

　欠乏していると信じている人のところにお金はやって来ません。実際のところ、何かに欠乏することなどありません。生きているのなら、欠乏していません。朝目覚めるのなら、自分が望むもの全てを創るために必要なものは何でも手に入ります。必要、要求は、「自分は欠乏している」という嘘偽りの中で生きることです。

　1946 年以前のどの辞書にも、「欲しい (=want)」の元々の意味は「欠乏する（= to lack）」を意味する 27 の定義と、「切望する (=desire)」という意味が一つだけ書かれていたことを知っていましたか？　あなたが「欲しい (=I want)」という度に、実際は「私は欠乏している (=I lack)」と言っているのです！

　今ちょっとやってもらえますか？

　声を出して「お金が欲しい（=I want money）」と 10 回言ってください。こう言った時にどんなエナジーが湧き上がってきますか？　軽く、楽しいものですか？　それとも重く、圧迫するようなものですか？

　今度は声を出して「お金が必要だ（I need money）」と言ってください。結果は同じでしたか？

　最後に「お金は欲しくない（I don't want money）」と声を出して最低でも 10 回言ってください。そして…全く違う感じがするのに気付きましたか？　軽くなりましたか？　恐らく力が抜けたり、微笑んだり、ちょっと笑ってしまったりしました？
　そこで感じた軽さが、自分にとっての真実を認識することなのです。何故なら、あなたはどんなものにも欠乏はしていないというのが真実だからです。

「必要性と選択」

去年、5000年にも感じられるようなツアーから自宅に戻りました。何でもサービスしてくれるホテルの部屋で生活するのに慣れた後、リフォームのせいで埃っぽく汚れた家に入り、この家の状態は「適切ではない」と私は機嫌が悪くなりました。「家に足を踏み入れたら全てがシミ一つないくらい整っていて欲しいだけなのに」と文句を言いました。ブレンドンは「何をしてるの？その背後にあるものは何？」と問いかけました。私は「もう家をどうにかなんてしたくない。もううんざり。家に入ったら洗濯物が溢れていて、洗い物がたくさんあるなんて嫌なの!」本当は家にいるのは大好きなのですが、そのいらつきで創り出したエナジーは全く創造的ではなく、収縮的なものでした。私は自分で何とかしなければいけない怒り、欲求不満から結論を出し始めていました。それは必要性と問題という、出口が見えないものです。自分が創り出したいものに目を向けていませんでした。家の状態に関して選択肢がないと思っていました。

　ブレンドンは言いました。「僕たちには十分お金があるから誰かを雇えるよ。週一で掃除に来てもらっているし、他の人を雇って何時間かやってもらうこともできるんだよ」そう、彼が正しかったのです。一呼吸おいて彼の言ったことを噛みしめ、問いかけました。「そう、家はそういう状態にあって欲しいの。そうすることを選びたいわ」すると全てがとても楽になりました。あるやり方で（自分で家を掃除しなければならないことのような）自分でやらなければならないと結論付ける代わりに、汚いままにもしておけるし、自分で掃除することもできるし、また掃除してくれる誰かを雇うこともできるという、自分にある選択肢に目を向けることができました。まだ考慮したことのない選択肢もあると確信しています。今は私たちの資産を全て管理してくれるプロパティマネージャーがいます。楽です。

　あらゆるものは実際に選択だったとしたら？　朝起きることですら選択です。そうしなくてもいいのです。しなければならないと思っていますが、実際はあなたの選択なのです。もしそれが、明るい気分で選べるものだったとしたら？あなたは子供や夫と暮らすことを選びます。毎日仕事に行き続けることを選びます。何を創造したいですか？

ちょうど成功と失敗が嘘偽りのように、必要と要求も嘘偽りです。あなたにとってはただの選択、アウェアネス、そしてもっと選択肢があるだけです。そしてこれがあなたのお金の創り方でもあります…選択し、選択し、そしてまた選択することによって。自分や人生にあるあらゆるものをジャッジしないことを選べば、あなたはもう失敗だ、欠乏しているなどとは信じなくなります。自分を絶対ジャッジしないことを選べば、正しいこと、間違っていること、良いこと、悪いことなど全ての極性がどれもリアルでも真実でもないことがわかってきて、そしてあなたがしなければならないことは自分がより多くを望むか、より少なく望むかを選択するだけなのです。本当にあなた次第なのです。

第13章
許容を持ち、許容になる

　許容とは、小川の中の岩になることです。世界中のお金に関するポイント・オブ・ビューがあなたの周りを洗い流していきますが、あなたを流すことはできません。あなたは周囲の影響を受けません。

　どれほど頻繁に自分に対する誰かからのジャッジメントを受けてしまい、気分悪く、自分が間違っているように感じ、イラついたり傷ついたりするブラックホールに引きずり込まれることを許していますか？　許容（アローアンス）はどんなことが起きても、他人のジャッジメントを受けたり、自分をジャッジしたりしない能力を与えます。

　ある時、オーストラリアに何年もの間私をノンストップでジャッジする知り合いが何人かいました。彼らは私のことをとやかく言い、とても不親切で意地悪でした。私はイライラし、友人にそのことを話しました。

　その友人は私に「一番そうさせている愚か者はあなたに違いないわ」と言いました。
　私は「何ですって!」
　友人は「彼らの人生を見つめてから、自分の人生を見つめてご覧なさい」と言いました。

　彼らと知り合ってからの何年かで、自分の人生がどれほど発展したか、そして彼らの人生がどれほど小さくなったのかに目を向けました。彼らは本当は私をジャッジしていたのではないことに気付きました。彼らは自分が創り出そうとしなかったものをジャッジしていました。今私は誰かが私をジャッジしている時、大抵の場合は私をジャッジしているのではなく、彼等自身をジャッジしていることがわかっています。あなたに向けられた他人からのジャッジメントを、もし喜んで受け取るとしたら？　全てを喜んで受け取るとしたら？

これをツールとして使いましょう！　自分が誰かをジャッジしていることに気付いたら、その人に関して、自分にある何をジャッジしているのかと自分に問いかけましょう。軽くなるかどうか見てみましょう。ジャッジメントはリアルではなく、そして許容が可能性を創り出します。

そして許容とは受容ではないことに気付くことが大切です。あらゆることはOKなのだと信じこもうとすることではありません。私はこの人たちを親友として親しくしないことを選択しました。私は彼らがしていることを受容し、それに耐えなければならないという決断はせず、自分の人生にその人たちを含めておき、そして彼らが私をジャッジするのを許容しました。自由を感じるために彼らを変える必要などなく、彼らのジャッジメントの影響を受ける必要もありませんでした。

「自分を許容する意欲がありますか？」

自分に対するジャッジメントよりも、他人に対するジャッジメントの方をずっと手放そうとしていることに気付いていますか？　これはあなたが根っからのジャッジしがちな人ではないからです。実際、あなたは他人をジャッジしません。でもあなたは他人を辛辣にジャッジしがちだと信じる一方で、四六時中永遠に自分をジャッジしています。自分に関して何でもジャッジすることを止めるとしたら？　自分に関して持っているジャッジメントの多く、その99％は周りにいる人たちから拾って来たものです。彼らが自分と相手をジャッジしあっているのを見てきて、その全てを引き受け、鵜呑みにすることを学んできました。面白い選択ですよね？

これからはもっと自分に優しくしていきたいですか？　「今私は自分をジャッジすることを選択している。これを数分楽しんで、それから自分をジャッジするのを止めるという選択をする」と気付けます。あなたは自分をジャッジすることも、そして自分へのジャッジを止めることも選択できます。自分のジャッジメントをジャッジしないで!　もしそうしたいのなら、自分は本当にどうしようもないと1分、20分、一日、もしくは10年間信じることも出来ます。そしてこのように問いかけできます。「自分ではわかっていない、自分の正しいとこ

ろは何だろう?」

　自分を許容するとは、絶対に自分をジャッジしないことです。自分がジャッジしている時でさえ。混乱していたとしても、または最善の選択ではないと分かっていることをしてしまったとしても。もしそのどれもが間違いではないとしたら?　あなたがこれまでなったもの、してしまったことのどれ一つとして間違いではなかったとしたら?　そしてあなたのどこも間違ってもおかしくもなかったとしたら?　実際のあなたを完全に許容することは、あなたの人生にとってどんなギフトとなるでしょう?　お金に関する自分の選択を今後一切ジャッジしないことを想像してみてください。あなたは今後の間違いを避けることについて考える必要もなく、自分が望むものを何でも全て創り出すことが自由で、変えるのも選ぶのも自由でしょう。でもそれを選んではいけませんよ。楽しすぎますから!

「人を変えようとしない」

　私はよくこのような質問を受けます。「お金についてもっとポジティブな態度を取るように、どのようにパートナーを説得できるかしら?」私はこのように対応します。「パートナーにもっとお金についてもっとポジティブな態度を取らせるのはあなたじゃないの。あなたはその人にどんなものでも喜んで選ばせなければ。お金を持つのも持たないのも、パートナーのその選択を完全に許容しないといけないわ」

　もしあなたがお金に対してポジティブな態度を取ることを厭わなければ、もしあなたが人生と生き方の中に幸せと、自分のためのお金の流れを持つことを厭わなければ、パートナーに現れるものを見て驚くかもしれません。

　あなたはまた、「あなた」である意欲を持たなければなりません。パートナー、家族や周りの人たちのために自分を抑えてきたことがありますか?　今もし自分のために選択したとしたら?
　私のパートナーが苦しい時期を過ごしたことがありました。何日か彼はソファーに横たわり、悲しみ、落ち込んでいました。私は彼を元に戻そうとしたり、

何かを変えようとしたりしませんでした。私はただ彼を自分の人生の中に留めたまま、自分の人生を続けました。何日か経って、彼が「そんなに楽しそうにするのを止めてくれる?」と言いました。これには二人共笑ってしまいました。こうしたことで彼が選んでいたエナジーを彼に伝え、彼は自分がどれほどのエナジーを悲しみと落ち込みに注いでいたかがわかったからです。

どんなことが必要とされても、それがどんなものでも、自分であり、自分が選ぶものを選ぶことが、他の人たちをこれまでとは違う可能性へと招きます。パートナーにああしろこうしろと言ってはいけません。ああしろこうしろと言われたり、態度や見かけ、または今していることを変えなさいと言われたりするのが好きですか? これは人に対してできる最悪のことの一つです。言われた人たちはあなたに抵抗し、あなたを嫌うことになるでしょう。人には選ぶように選ばせ、自分も選び続けましょう。

第 14 章
制御不能になることを厭わない

　人生がカオス的に感じられる時があります。たくさんのことがやってきます。やることがたくさんあります。自分が全てをコントロールすればよくなるかのように、誤った結論を出すことがよくあります。皆が言う通りにしてくれれば、ことが楽になるかのように。皆をコントロールできないことはわかっていますよね？　自分のその激しい「仕切り屋」という仕事を手放す意欲がありますか？

　物事をコントロールしようとすればするほど、それがどんどん辛く、ストレスが増えていくことに気付いたことがありますか？　楽にコントロールするために、人生を構成している全ての要素をどれほど小さく創造しなければならないでしょう？　自分がコントロールしやすいように、自分の人生にあるお金をどれほど少なくしてきましたか？　他の人に管理を手伝ってもらわなければならなくなる前に、自分で扱える最高額はいくらでしょう？　その額がいくらであれ、それが自分の人生に持たせさせる最高額です。億万長者はお金の管理を全て自分でしていると思いますか？　いいえ！　彼らには簿記担当、経理、経済アドバイザーなど、お金を扱う人が各種いるのです。

　お金に長けている人たちは、自分で細かいところまで管理しなくてもいい、こういうことを自分よりもうまくできる人たちを雇えると知っています。しかし彼らは自分のお金に気付きを持つことを厭いません。自分が働いている時も、働いていない時も気付きを持ち、何かが正しくないような感じがしたら問いかけることも厭いません。もし制御不能であることが、もっとたくさんのことがやってきて、想像以上の安らかさを持っていられる方向へと開いていくとしたら？　もし構造を定義し、限定し、描き、順応し、創造する必要がない、それがあなたを自由にし、より大きく、楽しい人生を得ることを許すとしたら？

　自分があまりにもたくさんのことを片手で管理しているように感じた時期がありました。もう押し潰されそうだとギャリーに言いました。

ギャリーは「押しつぶされることと、身動きが取れないことの違いについて話そうか。押しつぶされるとは、自分で管理できないと思うことだ。身動きが取れないとは、様々なプロジェクトや、しなければならないことの詳細に囚われてしまうことだ」と言いました。

私は「そうなっているの。私は身動きが取れなくなっているの」と言いました。手綱を放し、馬をそれぞれの方向に行かせるのではなく、私がコントロールを握っていたので、「全ての道はシモーンに続く」となっていたのでした。

ギャリーと私は、私の担当のいくつかを誰に振り分けられるかについて話し合いました。細かいところにこだわっていると分かっていても、それらを自分から手放して他の人にやらせることに乗り気ではありませんでした。アクセスのビジネスにどんなミスでも起きて欲しくなかったのです。ギャリーは、ミスも創造の一部だということを思い出させてくれました。「間違ったことなんてないんだ。君は一緒に働く素晴らしい人たちを雇い、その人たちに混乱させる意欲を持たなければならない。彼らにミスをさせる意欲も持たなければならないんだ。ミスをしたら、もっと素晴らしいことを彼らは創り出すだろうから」

私はずっと抱え込んできた細かい仕事の全てを手放す必要があることがやっとわかりました。私が手放す仕事をしてくれる人を得た時、それが私にとても大きなスペースを創り出してくれました。私は人生に、ビジネスに、そしてアクセスの中にずっと安らぎを持って創り出すことができました。これは私のお金も収入ももっとダイナミックに増えたことを意味します。

自分のアウェアネスを広げ、これまでコントロールしようとしてきたことを手放すことで、もしあなたの人生、ビジネス、更に別の収益の流れを創り出せるとしたら?

「もしカオスから見事に創り出すことができたとしたら?」

もしカオスから素晴らしいものを創り出せるとしたら? 私は自分自身をとてもカオス的なクリエイターだとジャッジしていたものです。以前私はとてもま

めなパートナーとビジネスをしていました。彼はやることリストを持っていて、
毎日それをチェックしていました。私にはそんなことはできませんでした。私
は電話をかけ、それから処理が必要なクライアントに目を向け、来年の予定
を立てるなどのリストが続きます。（彼によると）私は「散らかって」いました。
彼がそのビジネスから離れる際、私はこれを売るか、それとも自分で引き継
いで続けるか決めなければなりませんでした。彼は「シモーン、君は全然整
理されていないから、このビジネスを一人でやるのは無理だよ」と言ってい
ました。私は彼の方が自分よりももっとよくビジネスのことを分かっているの
だと思っていました。でも私がしてきたことを見渡してみると、実際彼よりも
私の方がもっとよくわかっていました。私が自分のしていることをわかってい
ないというのはただ彼のジャッジメントだったのです。その理由は彼のビジネ
スのやり方はより秩序に沿っていた一方で、私のやり方はもっとカオス的だっ
たからです。

やることが山ほどあると人が感じる時、彼らは「今たくさんのプロジェクト
が進行している。これら全てを安らぎと共に創り出すためには、どんな問い
かけをする必要があるだろう？　ビジネスと人生に他には誰を、そして何を追
加できるだろう？　これが楽になるには？　そして今日注意を払う必要がある
ものは何？」といった問いかけはせず、むしろその事柄を追いやって、未来
の可能性をだめにしているのを目にします。毎日一つひとつを扱う必要はあり
ません。一日一日が違っていて、一日一日が冒険なのです。自分が創り出し
ているもの、創り出していないものをジャッジしないところから毎日機能して
いく必要があります。

カオスから創造すれば、あらゆることが可能です。

来週から、あなたがずっとしっかり握りしめてきた手綱を手放してみましょう。
ずっとコントロールしようとしてきたプロジェクト、家族、友人、お金を手放し、
何か新しいものが現れるかを見てみましょう。細かいところまで管理しようと
したり、あらゆることを処理しようとしたりするより、「今日何に気付きを持つ
必要があるだろう？」と問いかけましょう。今日注意を要求しているものは何
かと問いかけ、それを処理します。朝目覚めたら「次は何？」「何が、または

誰が今私を必要としている？　そして働きかける必要があるものは何？　誰に電話しなければならない？」と問いかけ、それに注意を向け、それから他のことに移り、そしてまた他のものに移ります。もしこの機能の仕方が間違いではなかったとしたら？　あなたが気まぐれなのではなく、先延ばしにしているのでもないとしたら？　それがあなたの創造の仕方なのだとしたら？

　あなたがカオスから創造する歓びを自分に得ることを許す時、自分が創造できるものに驚かされることでしょう。これはあなたの人生のあらゆる領域に適用されます。人間関係、ビジネス、家族、お金の流れ、そしてあなたの体にも。覚えておいてください。あなたはユニバースに一人ぼっちなのではありません。ユニバースはあなたが望むあらゆるものを創り出すための貢献をしてくれます。ですからもっと求めましょう。

　もしあなたがそれへのコントロールを手放せば、より多くのスペースを創り出せる、何をあなたはずっと手放そうとしてこなかったのでしょう？

第15章
キャッシュフローについてのメモ

　以前南アフリカ出身の、とても成功したビジネスマンと会う機会がありました。彼は孤児でした。15歳の時に彼は孤児院を追い出されたので（その年齢になると自立しなければならないから）バックパックを背負い、人生に創り出したいものに目を向け、それを創り出すと自分自身に要求しました。彼は教育を受け、弁護士になりました。そして南アフリカに巨大なビジネスを創り上げました。大きなリゾート、IT カンパニーなどです。

　私たちは話し込みました。彼の創造の仕方にとても関心があったからです。彼のビジネスと人生を創り出すアプローチ法には、限りない「気前のよさ」があるようでした。一つ彼が私に言ったことは「覚えておかなければならないことが人生には3つあります。感謝、信念と信頼です。そしてキャッシュフローです」彼が言っていることが正しいので笑ってしまいました。

　彼はつづけました。「キャッシュフローがなければ、自分を制限してしまいます。前を見据えて進み続けなければならず、そして自分を抑え込んではいけません。そして自分のキャッシュフローにも気付きを持つことです」

　自分にキャッシュフローがあるかないかに目を向けてみましょう。人生に絶えずキャッシュフローを得るには？　キャッシュフローがあれば、それがより多くの安らぎと、可能性へのスペースを創り出し、「お金がない」「手持ちがない」という場面を無くします。お金に関して、何もかもを一つの場所に収める必要がないとしたら？　自分で選べる、たくさんのお金の可能性（収益の流れ）があったとしたら？

　そしてキャッシュフローを創ることが、ただ可能性と戯れ、自分の経済的現実にしっかりと気付きを持つことだったとしたら？

いくつの収益の流れを創り出せるでしょう？　お金を創り出せる、どんなものから歓びがやって来るでしょう？　どんなものに好奇心がありますか？

私は自分が仕事ですると選んだもので信じられないほど忙しいのですが、それでも他に収益と創造の流れがあり、そして毎日より多くが姿を現すように問いかけ続けています。アンティークや外貨、株取引や E-bay での売買に興味がありますか？　ずっと認めようとしてこなかった、人生により多くのキャッシュフローを創り出せるものとは何でしょう？

あなたにとって見つけ出すことが楽しい、お金に関する他にどんなものが世界には存在しているでしょう？　お金について自分を教育していきましょう。あなたの通貨の顔、象徴となっているのは誰ですか？　あなたの国の、また他国の、最高額の紙幣はいくらか知っていますか？　それぞれの紙幣の色は？あなたの通貨だけでなく他の通貨の色も知っていますか？　お金に親しみ、お金を避けず、お金と戯れ、お金を認めてください。

お金と、お金が人生に貢献してくれる無数のやり方について自分を教育する意欲を持ち始めると、私はお金を持つことを厭わなくなってきました。自分にお金を持つことを許すと、お金で戯れることを厭わなくなってきました。お金について自分を教育しようとしないことが、借金を創り出しました。お金について自分を教育し、お金を持ち、そしてお金と戯れる意欲を持つ今、より多くを創り出しています。そしてそれら全てを重要性からではなく、本当にその歓びと、それを選択することから創り出すのです。

今この 10 秒間、あなたの周りでどんなことが起きているとしても、楽しむことを選択しますか？　本当にそうなれる祝福として人生を生きるという選択をしたら、そして人生という名のパーティにお金を招待するとしたら？　どんなことがあってもあなたがハッピーになり、感謝し、選択し続けることを選択するとしたら？

あなたの経済的現実を創り出すことが、あなたの人生を気分晴れやかに、収益の流れとキャッシュフローを含め、本当に創り出していく無限の可能性の

これからも続いていく探求なのだとしたら？　今まで考慮したことがない、どんな可能性が他にあるでしょう？

　あなたの経済的現実を変化させ続けるために、この本とツールを使ってください。より素晴らしいもの、これまでとは違うものを選択し続けることには勇気が要り、そしていつも快適だとは限りません。あなたがこの本を読んでいるのなら。今あなたは地球上で暮らしていて、勇気があり、そしてその能力もあるのです。あなたが今しなければならないこと、それは選択のみです。

第 3 部

まとめとツール

各章のまとめ、問いかけ、ツール

　この章では主要なポイント、問いかけ、ツールをまとめています。他の誰かが、どのようにして経済的に人生を丸ごと変化させたのかという体験談を読むのもひとつでしょうが、それではフラストレーションを感じるかもしれません。私は経済的現実を変化させるためにアクセス・コンシャスネスのツールを使いました。この本のユニークな点は、それと同様のことがあなたにもできるということ。しかしながら、どれだけ居心地が悪くなっても、選択し続けなくてはなりません。これらのツールを毎日使えば、あなたは自分の経済的現実を永遠に変化させるでしょう。それでは、冒険を始めましょう。

第1部：新しい経済的現実　入門編

第1章　お金たるものとは？

あなたが思うような方法ではお金は絶対に現れない

お金は直線的ではない

　お金は直線的な方法で人生に現れません。様々な方法、様々な場所から現れることだってあるのです。人生でもっとたくさんのお金を作りたいのであれば、魔法や奇跡のようなあらゆる方法に対してオープンにならなくてはなりません。たとえそれがあなたの考えていたものとは全く異なっていたとしても。もし、無限の収益の流れを持つことができたとしたら？　他の誰もができないような方法でお金を創り出すことができたとしたら？　お金について全く何のポイント・オブ・ビューを持たなかったとしたら？

問いかけ

- 私のためにお金が今すぐに現れる方法が際限なくあったとしたら？
- お金がどう現れるかの算出、定義、計算を断ち切ることを私は厭わないだろうか？　そして、唐突で魔法や奇跡のような方法でお金が人生にやって来るのを許すことを私は厭わない？

「お金はこう現れるに違いない」という方法を考え出そうとしないこと

ユニバースは明確に表し (manifest)、あなたが実現 (actualize) します。「明確に表す」とは、物事が「どのように」現れるのかということであり、どのように現れるのかを考え出すのはあなたの仕事ではありません。実現とは何かが現れるのを求め、明確に表すことユニバースにさせて、受け取ることを厭わないこと。それがどのように現れたとしても。

> **問いかけ**
>
> ・これが現れるには?
> ・今すぐに私の人生にこれを実現するには?

気長に待つ

ユニバースは物事を明確に表す無限の能力を持っており、それは大抵の場合、あなたの予測を超えて遥かに壮大で魔法のような方法で表れます。あなたが強く望むものを創造するために、時としてユニバースには物事を動かして調整しなくてはならないときもあるのです。

自分をジャッジせず、気長に待ち、未来の可能性を制限しないようにしましょう。

お金は現金だけではない

お金やキャッシュフローがあなたの人生にやって来る方法は本当にたくさんありますが、あなたがそれを進んで認めなければ、実際に物事を変化させていたとしても「自分は何も変化させていない」と思ってしまいます。

お金が様々な方法であなたの人生に現れていることを認め始めましょう。友達にコーヒーをおごってもらったり、誰かに何かのギフトをもらったりするときも、それはお金です。それは受け取るということなのです。

> **問いかけ**
>
> ・私がまだ認めていない、他にどのようなところから私はお金を受け取っている?
> ・私がまだ認めていない、他にどのようなところからお金を受け取ることができる?

求めれば受け取れる

お金はジャッジしない

あなたの人生にお金や現金が流れ込んで来る方法はたくさんありますが、もしあなたがそれを認めなかったり、特定の方法でなければならないと考えたり、自分には変化を起こせるはずがないとあなたが思っていれば、実際にはそうなります。

お金を求めるのに理由など必要ないとしたら？

楽しいからという理由だけで、ただお金を持つことができたとしたら？

お金が現れるようただ求めることができたとしたら？

お金は喜びの後について来る。その逆ではない。

あなたの人生がパーティーであれば、お金はそのパーティーに来たがる？

あなたの現在の人生をパーティーとして見るならば、あなたはお金に対してどんな招待になれますか？

人生が祝福となりうるように、そう今日から生き始めたとしたら？

お金が現れるのを待たなかったとしたら？

何があなたに喜びをもたらす？

あなたが楽しんでいるときに創り出すエナジーや、大好きな何かに完全にハッピーに熱中しているときのエナジーは生成的です。その生成的なエナジーをどのようにして創り出すのかは問題ではありません。

> **問いかけ**
>
> ・私は何をすることが大好き？
> ・何が私に喜びをもたらす？

あなたの人生はあなたのビジネスであり、あなたのビジネスはあなたの人生です！

あなたが生きているなら、あなたはビジネスをしています。それが「生きることのビジネス」と呼ばれるものです！あなたはどんなエナジーで人生を営

んでいますか?楽しんでいますか?

お金を重要視するのを止める

何かを重要視すると、それを変えられなくなる

対象が何であれ、人は自分が重要視するものを自分以上に偉大にします。お金を重要視してきたあらゆるところ意識を向け始め、そのポイント・オブ・ビューから抜け出し、あなたにとってのこれまでとは異なる現実をクリエイトしていきましょう。

問いかけ

• 私は自分の人生の中でお金をどれだけ重要視しているかな?
• もしお金が重要でなければ、私は何を選ぶ?

第2章　何が借金を変えるのか?

あなたのポイント・オブ・ビューがあなたの(経済的)現実を創り出す

借金についてどんなポイント・オブ・ビューを持っていますか?

借金を変えたいのであれば、ポイント・オブ・ビューを変えることから始めましょう。あなたが今この瞬間までお金について持っていたポイント・オブ・ビューが、あなたの現在のお金の状況を創ってきました。

自分が創ってきた借金をジャッジする代わりに、問いかけによって自分をエンパワーすることで、物事を変化させられるのです。

問いかけ

• 他にどんな可能性が? ™
• これを変化させるために、私には何ができる?

人生の中で硬く重いものがリアルだと決めつけてきましたか？

自分にとって何がリアルで、何がリアルではないと決めてきましたか？　なぜそれがリアルだと決めたのでしょう？　過去に体験したから？　重くて、硬くて、実体的で、動かせなくてリアルに「感じる」から？　あなたにとっての真実は、本当に何トンもあるレンガのように感じるでしょうか？　それとも、軽やかに感じ、ハッピーに感じるでしょうか？

ツール：私がこのポイント・オブ・ビューを持っているのは興味深いポイント・オブ・ビューだな

▶ 次の３日間、湧き上がって来るひとつひとつの思考、感覚、感情（お金だけではなく全てについて湧き上がってくるもの）に対して、「興味深いポイント・オブ・ビューだな。私はこんなポイント・オブ・ビューを持っている」と自分に言ってみたとしたら？　ふわっと軽く感じるまで何回か言ってみましょう。

ツール：軽やかに感じるものはあなたにとっての真実であり、重く感じるものは嘘偽りである

▶ 何かが私たちにとっての真実であるとき、それを認めれば軽やかさと拡がりのある感覚を私たちの世界に創り出します。何かが真実ではないとき、例えば私たちが何かに対して持つジャッジメントや結論は、重く、収縮していて、凝固化しているように感じられます。

借金の快適さを断ち切る

借金を背負い、お金を全く持たないことの何をあなたは愛している？

問いかけることを厭わないのであれば、何があなたを行き詰まらせるのかを認めることができます。それを認めなければ、変えられません。

問いかけ

・借金を抱えた状態でいることの何を私は愛している？

・お金を全く持たないことの何を私は愛している？

・お金を全く持たないことを憎むことの何を私は愛している？

お金を持つことを厭わない

お金を持つこと、使うこと、貯める／節約することには違いがある。

　ほとんどの人は、使うだけのためにお金を欲しがります。お金を持つことはこれとは異なります。お金を持つことは、あなたの人生が拡がるようにお金に貢献させることです。

　お金を貯める／節約することは、万が一のときのためにお金を取っておくこと。お金を貯める／節約することとお金を持つことは別物です。

　あなたは普段からこのように言っていますか？「どうすればお金を節約できるかな？」その問いかけの中に生成的なエナジーはありますか？　あなたの選択を拡げるように思えるでしょうか？　それとも制限するように思えますか？　どこかでお金を貯めよう／節約しようと思っていますか？　このように問いかけてみましょう。「私が節約しようとしているこのお金を使ったら、今日と未来のためのさらなる創造につながる？」

お金を避けたり拒否したりするのは止めよう

あなたは「チョイスのないユニバース」に住んでいる？

　人生のどこかで自分のお金の状況を直視することを避けたり、拒否したりしているところはありますか？　さらに多くのお金をクリエイトするためのシンプルで簡単にできることを避ける理由などありますか？　何かを避けたり、拒否したり、何かを持つことを嫌がると、あなたがより多くの選択肢を持ち、さらに創造することを妨げます。自分が「チョイスのないユニバース」から機能

しているのはどんなところなのかを見つめ、それを進んで変えようと思わなくてはなりません。

お金を避けずにいるときに、あなたに起こりうる最悪の事態ってどんなこと?

お金を避けず、借金を避けないでいれば、どんな最悪のことが起こりうると決めましたか?　自分の経済的現実に完全な気付きを持つことを厭わなければ何が変わる可能性がある?　あなたにお金をもたらすであろう、新しい何かをすることを避けている?

問いかけ

・もし私がこれを避けなければ、私は何を変化させられるだろう?
・これまでにずっと避けてきた、お金を稼ぐためのどんな簡単な方法が私にはある?

感謝

お金に感謝しよう!

お金を受け取るとき、瞬時に出てくる自分のポイント・オブ・ビューに意識を向けましょう。あなたの人生に入って来る1ドル1ドル、1セント1セントにあなたは感謝を向けていますか?　あるいは「たいしたことない」「この請求書をカバーできるかな」「もっとたくさんあればいいのに」と考えがちですか?

ツール:お金が入り、出て行くときに感謝する練習をしよう

▶ このように言う練習をしましょう。「ありがとう。これが現れてくれて本当に嬉しい!　もっと持てないかな?」
▶ 支払いをするときに、自分がその支払いをしたことに感謝しましょう。そしてこう問いかけます。「このお金が10倍になって私の元に戻って来るには?」

あなたは自分にも感謝していますか?

　良いもの、悪いもの、醜いものも全部含め、自分が創造する全てに感謝しなくてはなりません。もしジャッジすれば、あなたの選択というギフトが目に入らなくなり、選択したことで生まれた可能性を自分に受け取らせなくさせるのです。感謝を持てば、全く異なる現実を手に入れることができます。自分をジャッジして、人生に現れたあらゆるものをジャッジする代わりに、感謝できる人生のギフトを探しましょう。

> **問いかけ**
>
> ・これについての正しいことは何?
> ・私がまだわかっていない、私の正しいところって?

簡単すぎるとき、それに感謝している?

　物事が人生に簡単すぎるほど現れたとき、それを簡単に片付けていませんか?　それを変えることを厭いませんか?　「お金が簡単にやってきたことに感謝できれば、あなたはより多くの可能性に満ちた未来を手に入れる過程にいる」―ギャリー・ダグラス

> **問いかけ**
>
> ・目の前に現れる1セント1セントに感謝を持つには?
> ・私の人生にお金がもっと簡単に楽しくやって来るようにさせる、どんな
> 　感謝に私はなれる?

第3章　今すぐに新しい経済的現実をどのように創造する?

苦労するか、苦労しないか?

　多くの人は、悲しくなる選択、ハッピーになる選択、イライラする選択、リラックスする選択が自分にあると思っていません。外的な状況が私たちの感じ方を創り出しているのではありません。物事への感じ方を創り出すのはお金ではありません。それを創り出すのは、あなたが選べる単なる選択なのです。

・私はここで選択肢を持っていないフリをしている？
・私は実際にどんな選択肢を持っている？

必要なら何でもやるという意欲を持つ

絶対に自分を諦めないと腹をくくる

自分にコミットすることは、生きることの冒険を厭わず、たとえ居心地が悪くても、たとえ他に誰も理解してくれないような変化を伴うことになっても、自分に機能する選択をするということ。

あなた以外には、他の何にも、他の誰にも、強く要求 (demand) することはできない。

「何がなんでも、どんな風になっても、私は自分の人生を創造する。私は他の誰かのポイント・オブ・ビューや現実に合わせた生き方をしない。私は自分自身の現実を創るんだ！」このような強い要求 (demand) をついに自分に向けたときに初めて、人は自分の人生を創り始めます。

・何があっても、人生に切望するものを創造することを自分に強く要求することを私は厭わない？

全てを選択し、失い、クリエイトして、変化させることを厭わない

アインシュタインは狂気をこのように定義しています。同じことを繰り返しながら別の結果を期待すること。それまでとは異なる結果を創り出すためには、自分が現在機能しているその方法を変化させなくてはなりません。

人生の中で何かを変えようとしているときは、変化していません。全く別の何かを実際に選ぶよりも、同じことを別の方法でやろうとしていることはありませんか？

- 私が変えられないと決めたものは何だろう?
- 私が失いたがっていないのは何だろう?
- これらを失うことを厭わなければ、他に何がもっと選べる?
- これを変化させるには、私はこれまでとは異なるどんな自分になれて、どんなことができる?

お金を持たないための、あなたのロジカルで狂った理由を断ち切る

経済的な自己虐待を断ち切るのは今?

経済的な虐待には様々な形がありますが、大抵の場合、自分には人生の最も基本的なものを受け取る価値がないと感じるようになることです。もうそんな風に生きなくても良いとしたら?

問いかけ

- 私は自分自身にどんなお金の物語を語っている? もしその物語が真実ではないとしたら?
- 私は過去の経済的虐待に自分の人生を操縦させている?
- ここにはこれまでとは異なるどんな選択があるだろう?

あなたは疑い、恐れ、罪悪感を使って、お金をクリエイトする自分を邪魔している?

お金に関する疑い、恐れ、罪悪感、非難を持ったり、自分の経済状況に執着したりこだわりすぎたり、怒ったりするときはいつでも、これまでとは異なる選択、異なる可能性と自分が「今ここ」でいられなくなるのです。

ツール:あなたの語彙リストからこの言葉を削除する

▶ 「だって」という言葉をあなたの語彙リストから消しましょう。「だって」は、素晴らしい物語で自分をかき乱し、その物語を鵜呑みにして自分を諦めるという、あなたが使う賢い方法です。「だって」を口にしていると気付いたら、このように問いかけてください。「おぉ、それは素晴

- お金を創り出すことを自分にストップさせる、どんな邪魔を私は使って
  いる?
- 私がまだ考えてもいない、どんな可能性が他にある?

自分に容赦なく正直になる

バリアなしでいることを厭わない?

　ジャッジメントやバリア、壁を張り巡らせることで自分を守れるのだと私たち
は教えられてきました。でも本当は、そうすることで自分から自分を隠してし
まうのです。

　自分だけの経済的現実を創造することは、実際にはそれが何なのかについ
て、気付きを持つことであり、あなたにとってより多くの創造につながるもの
を選ぶということです。ジャッジメントなし、バリアなしでいること、そして完
全な無防備さでいる意欲を持っていなくてはなりません。そうすることで、こ
れまで認めることを避けてきた、どんな可能性があるのかに目を向け始められ
るのです。

▶ あなたが自分にダメ出ししてきたところが実際には強さだったとした
　ら?　自分のここがダメだ、と思っているところは全て、あなたが強さ
　を出すことを避けてきたところなのです。自分のここはおかしい、とあ
　なたが決めてきたところを見つめ、書き出してみましょう。そして「こ
　れは私がまだ認めていない、どんな強さ?」と問いかけてください。
▶ あなたがあなたで在ることは、この世界で最も魅力的なもののひとつ
　です。自分をジャッジするとき、あなたはあなたとして存在していません。

・もし私が私で在れば、私は何を選ぶだろう?
・もし私が私で在れば、私は何をクリエイトするだろう?

私は今、誰になっている?　私?　それとも他の誰か?

あなたは本当には何を手に入れたい?

　無防備であることとは、自分が人生で何を持ちたいのかについて、容赦無く正直でいることでもあります。それを自分からも隠し、秘密にして、実際には欲しいのに欲しくないふりをしていると、それを実際にクリエイトし、それ以上の何かを選び、心から楽しめる人生を持つ機会がなくなります。

ツール：人生で本当に強く望むものを書き出す

▶ たとえ誰にも理解されなくても、人生で本当に手に入れたいものが何なのかを自分で認められるまでに自分に正直になることを厭いませんか?　人生で手に入れたいものをひとつひとつ書き出しましょう(下記の質問も活用してください)。もし不可能なことなど何もないとしたら、あなたは何を選びますか?　書き出したリストをみて、問いかけましょう。「安らぎと共に生み出し、創り出すには?」

問いかけ

・私は人生に何を創造したい?
・もし何でも持ち、何にでもなり、何でもできて、何でも創造できるなら、私は何を選びたい?
・本当は手に入れたいのに私が不可能だと決めつけてきたことは何だろう?
・私に求めることができる、最も信じられなくてありえないようなものって何だろう?
・私がユニバースに依頼 (request) したいことで、自分に強く要求 (demand) したいことって何だろう?

自分は既に知っているのだということを信頼する

あなたはいつも知っていました。たとえそれがうまく行かなかったときにも。

望むようには上手くいかないだろうと知っていても、それでも実行したことはありますか?

問いかけ

・お金について私が知っていることで、自分で自分を認める機会を与えてこなかったことって何だろう? お金について私が知っていることで、否定されてきたことって何だろう?

もしお金が全く何の問題でもなければ、私は何を選ぶ?

自分にとって上手く行く経済的現実を創り出したいのなら、物事を変化させたい?と毎日自分に問いかけなくてはなりません。1日1日が新しく、つねにより多くの可能性が広がっています。求めるだけで良いのです。

問いかけ

・もしお金が問題でなければ、私は何を選ぶ?

・私は世界に何を創造したい?

・この中のどれなら今すぐに実行できる?

・私は誰と話す必要がある?

・私は何をする必要がある?

・私はどこに行く必要がある?

・私の経済的現実を創造しはじめる、どんな選択が今日できる?

第2部：お金よ、来い！　お金よ、来い！　お金よ、来い！

第4章　お金がやって来るようになる（そしてもっとやって来る）
10の方法

1. お金を招き入れる問いかけをする
2. 「楽しく」生活するために、いくら必要なのかを正確に知る
3. 実際にお金を持つ
4. 自分を認める
5. 自分が大好きなこと、自分に歓びをもたらしてくれることをする
6. 自分が考えること、言うこと、することに気付きを持つ
7. 特定の結果を想定することを止める
8. 成功と失敗、必要性、欲求への思い込みを手放す
9. 許容する
10. 制御不能であることを厭わない

第5章　お金を招き入れる問いかけをする

　問いかけは受け取るための招待状となります。つまり、お金を現します。求めなければ、受け取ることができません。

　「なぜ」「どうやって」という言葉で問いかけを始めるとき、あなたは実際には問いかけていません。特定の答えを求めていると（またはその問いの答えを既に予測していると）何が起きていると思いますか？　それは実際に問いかけしていることにはならないのです！

　お金を招き入れる問いかけの例を挙げましょう。

問いかけ

・私が想像するよりも、素晴らしく物事が進むようなどんなことが現れる？
・これで何を創造することを私は選んだ？　そして、他にはどんな選択肢がある？

- 私がまだわかっていない、私についての正しいことって何?
- 瞬間瞬間に私にとって可能な選択、可能性、貢献についてもっと気付くようになるには、これまでとは異なるどんな私になれて、どんなことが毎日できる?

今すぐに、お金を求め始めよう!

ここでのターゲットはお金を求めることにもっと安らぎを持つことです。もしお金を求めることが実際にあなたにとって楽しいことだとしたら? あらゆる方法でもっとたくさんのお金が現れることを求めることでどれだけ楽しめるでしょうか?

ツール：お金を求める練習をしよう

- ▶ 鏡の前に立ってこう求めましょう。「そのお金をもらえますか?」繰り返し言ってください。
- ▶ あなたに支払いが必要なクライアントや、あなたが支払い請求書を送っている誰かがいるときに、こう言いましょう。「お支払い方法はどうされますか?」

お金を招き入れるために毎日問いかける

問いかけ続けましょう。何が現れても、より多くを求め、より素晴らしいものを求めてください。問いかけることがあなたの中で自然になりすぎて、誰にも止められない、歩いて話すお金の可能性への招待状にあなたがなれたとしたら?

問いかけ

- 他にどんな可能性が?
- これよりもっといいことって?（良いことが現れたときも、悪いことが現れたときも求めましょう）
- 私の経済的現実にどうなってほしい?
- それを創造するために、私はこれまでとは異なるどんな私になりどんなことをすればいい?

- 今すぐにもっと多くのお金を生み出すために、今日はこれまでとは異なるどんな私になり、どんなことができる？
- 今日は何に意識を向ければ、お金が入って来る流れを増やせる？
- 今日、人生に何を加えれば、今すぐにより多くの収入源を創造できる？
- 人生にもっと多くのお金を持つために、他にどんな人、どんなことが私の貢献になってくれる？
- どこにお金を使えば、それが私により多くのお金を作ってくれる？
- もしお金が問題でなければ、私は何を選ぶ？
- もし、私のためだけ、楽しみのためだけに選ぶなら、私は何を選ぶ？
- 他に誰がいる？　他にどんなことがある？　他にどこがある？
- 今お金をもらえますか？

第6章　「楽しく」生きるために、いくらのお金が必要なのかを正確に知る！

　喜びと共に人生を送るのにどれだけのコストがかかるのかを正確に知る必要があります。そうでなければ、これらの素晴らしいツールを効果的に活かせません。なぜなら、前に進むのに必要な明瞭さを得ることができないからです。

ツール：楽しく生きるのに必要な費用を書き出そう

▶ あなたの人生を営むのに、どれだけのコストがかかるのか詳細をみていきましょう。ビジネスを営んでいるのなら、ビジネスにかかるコストを同様に書き出します。

▶ あなたの必要経費を書き出しましょう。損益計算書や、あなたの税理士からの何らかの報告書があるのならそれを使って、あなたのビジネス、あなたの人生を営むのに毎月どんなコストが発生しているのかを調べます。

▶ 現在の負債を全て加えます。2万ドルまたはそれ以下の負債なら、それを12ヶ月で割って月々のコストに加えます。もし2万ドル以上の負債であれば、24ヶ月か、好みでそれ以上の数字で割ります。負債額もリストの中に加えるようにしてください。

- ► 楽しみのためにかかる費用も書き出しましょう。
- ► これらを全て足します。
- ► あなたの１０％アカウントのための 10% も加えます。
- ► そして、また別の 20% を加えましょう。そうするほうが、ただ楽しいからです。だって人生とは楽しむためのものなのだから!
- ► 出てきた額を見てみましょう。その額があなたの人生を毎月営むのに必要な実際の額です。
- ► 問いかけましょう。その額のお金が現れること、それ以上が現れることを強く要求します。
- ► ６ヶ月ごと、または１２ヶ月ごとにこのエクササイズをしてください。なぜなら、あなたの人生が変化すると、必要経費やあなたの望み、経済的に何が必要なのかも変化するからです。

問いかけ

- ・完全に楽に、この額のお金とそれ以上を創造するには?
- ・私の人生に他に何が加えられる?
- ・私は他に何が創造できる?

第 7 章　お金を持つ

ツール 1　お金を持つために：10%アカウント

稼いだお金の 10%を取り分けておく

このお金を取り分けておく、というのは、自分に敬意を払うためのものです。覚えていますか?　これはロジカルで直線的なものではないのです。エナジーの世界では、ユニバースがあなたに貢献しはじめ、予想もしなかったような場所からあなたはお金を受け取り始めるでしょう。

ツール 2　お金を持つために：現金を持ち歩く

お金持ちが持ち歩くだろうと思われる額の現金を持ち歩く

財布を開くたびに多額の現金が入っているのを目にすることで、何が創造

されるでしょうか？　富の感覚への貢献となりますか？　それは楽しいです
か？　どうなるかやってみてください。

　たくさんのお金を持ち歩くと失くしてしまう、とか、盗まれる、などのポイン
ト・オブ・ビューがあるのなら、こう問いかけましょう。「常に私がアウェアネ
スを持っておこうと思えるほどになるには、どれだけのお金を私は持ち歩けば
いい?」

ツール3　お金を持つために：本質的価値があるものを購入する

　**本質的価値のある品には、それを購入した額と同等の価値を維持するか、
またはその購入額を上回る価値が出る。**

　金や銀、プラチナ、アンティーク、希少価値のある品には、本質的価値が
あります。

　あなたの人生を豊かにする審美的な美しさを持つ流動資産（簡単に売るこ
とができたり、現金化できたりするもの）の購入を考えてみてください。それ
は、富と贅沢な感覚を人生に創造するための貢献となり、金銭的な価値を手
にするための貢献にもなるでしょう。

> **ツール：価値のある品について学び、自分にとって富の感覚を創造するも
> のについて学ぶ**
>
> ▶ 人生で手にすると楽しいと思えるような価値のある品について学びま
> しょう。現金そして流動資産を持つことは楽しいですか？　お金につ
> いてのより大きな平穏と豊かさの感覚を持つには、人生でどれだけの
> 現金を持つ必要がありますか？　他に何をあなたの人生に加えれば、
> 人生と日々の生活のありとあらゆる側面を拡大させてくれる美しさを
> 見極める感覚、豊かさの感覚、贅沢さの感覚、富の感覚を創造できる？

第8章　自分を認める

　より効果的に自分を認めるには3つの方法があります。

・自分の価値を認める
・自分が簡単にできる (do) こと、簡単になれる (be) ものを認める

・自分の創造を認める

他人から価値を見出されるまで待つのをやめる

誰かが認めてくれれば、自分の価値をやっと認識できるという理由から、他人に認められることを待っていますか?

他の人がどう思おうとも、自分には価値があると自分で認められたとしたら?

ツール：自分への感謝を書き出そう

► ノートを用意して自分に対する感謝を書き出しましょう。少なくとも毎日3つを新しく書き加えてください。さらなる安らぎと共に自分の素晴らしさを知覚し、知り、なり、受け取ることができるように強く要求してください。自分にコミットして、この過程において自分が自分の味方でいられるようにしてください。

問いかけ

・私がまだ認めていない私の素晴らしいところは何?

・私は自分についての何を認めることを避けてきた?　もしそれを認めればもっと安らぎと喜びに満ちた人生を創造できるものとは?

あなたにとって簡単なことで、あなたがこれまでに認めたことのないことは何?

あなたが簡単にできることとは?　簡単すぎて価値などないと思うようなものとは?

ツール：あなたにとって、なること、することが簡単なものとは?

► 簡単だと思うものを書き出し、それらに真の気付きを向けてください。簡単なことを行うときのエナジーを感じてください。あなたがどれだけ素晴らしいかを認めましょう!

► 簡単ではないとあなたが決めた全てのエナジーが現れるよう求めます。そのエナジーを認めて、自分の人生でそれが育っていくように求めれば、それは可能ですし、そうなるでしょう。

・私自身について価値があるとは思わなかったような、どんなことを他に
　認めることができる?

あなたは自分の創造を認めていますか? それとも、却下していますか?

　あなたはどれだけ自分の人生を創造し、それを却下している? 起きる全て、
あなたの人生で創造される全てに完全に「今ここ」でいて、全てを感謝と共
に受け取ることができたとしたら? 「私は今日、素晴らしいものを創造した」
というような承認が存在する人生を創造するような、可能性のエナジーとそ
の感覚に気付いてください。

・このお金を人生で受け取るには? そして、そのお金と自分に対して完
　全な感謝を持つには?
・他にどんな私の創造についての才能を認めることができる?
・もし私が真に自分の創造を楽しんだとしたら?
・どれくらい楽しめるかな? そして今、他に何が創造できるかな?

第9章　大好きなことをしよう

　自分が大好きなことを含むと、お金があなたの元へやってきて遊ぶように
招待し続けることになります。

あなたは何をすることが大好き?

　自分は何をするのが好きなのかを見つめ始めなくてはなりません。

▶ ノートを取り出し、あなたが大好きなことを書き出しましょう。
▶ 次の数日間、数週間そのリストを加え続けてください。
▶ 見つめてみよう。あなたは自分が好きなことを十分にやっている?
▶ 問いかけよう。

- この中のどれが今すぐに収益の流れを創り出すだろう？（目に飛び込んできたものから始めてみるのはどうでしょう？）
- これを今すぐに現実にするには、私は何をしなくてはならない？　誰と話し、どこに行かなくてはならない？
- これを創造するのにどれだけ楽しめる？

他に何を加えられる？

　ひとつの道筋だけを通る必要はありません。複数の流れや通り道を持っていても構わないのです。あなたが好きなだけたくさん創造しても良いのだとしたら？　求められる収入源の数に制限などありません。どれが自分に関連するのかを知る方法は？　あなたにとって楽しければ、あなたに関連があります。人生に加えるということは、あなたが望むものをもっと創造し、あなたが望まない人生を消し去るということ。

　人生により多くを加え始めるとき、特に自分の大好きなことで創造していれば、退屈も当惑も溶けてなくなります。

ツール：物事を俯瞰する

- ▶ 圧倒されてしまうようなプロジェクトやあなたの人生の一部を俯瞰して見る練習をしましょう。こう問いかけてください。
- ▶ 「他に誰が貢献してくれるだろう？」
- ▶ 「これに何かを加えてくれるのは誰だろう？」
- ▶ 「私よりも上手くできる人は誰だろう？」
- ▶ これら全てをそれ以上に明瞭さと安らぎを持つには、私は人生に何を加えられる？

問いかけ

- もしあなたがビジネスのクライアントを探しているのであれば、あるいは仕事に退屈してきたのであれば、こう問いかけてください。他に何がここに加えられる？

- もし圧倒されているのであれば、こう問いかけてください。何が加えられる？　他に何が創造できる？

あなたは他の人とは異なる創造をしている？

新しいプロジェクトを始める前に、ひとつのプロジェクトを終わらせるべきだと、人はあなたに投影します。

でもそれはあなたにとっての真実ですか？　自分の創造の仕方が悪いのだとジャッジしなければ、人生により多くを創り出すことを、あなたはどれだけ楽しめるでしょうか？

問いかけ
・何が私にとって機能するかな？ ・複数のいろんなことが起きているほうが楽しい？ ・私のお金と人生を望むように創造できるなら、私は何を選ぶ？

第10章　自分が言うこと、考えること、行うことに気付きを持つ

自分の口から出てくる全て、頭に浮かぶ全てに耳を傾けましょう。お金など、特にあなたが真実として自動的に信じる傾向のあることで、大抵問いかけしないようなことが、実は全く真実ではなかったとしたら？

願うことと創造すること

あなたはどれだけ頻繁に願い事リストのようなものを作って、行動しなくても、創り始めなくてもそれが現れることを望んでいますか？

コミットメントとは、現れることを強く要求する何かにあなたの時間とエナジーを与えようという意欲のことです。

ツール：願い事リストではなく、クリエイト・リストを書こう
▶　願い事リストの代わりに、人生や経済的現実に創造したいことを書き出しましょう。問いかけをして選択してください。

・創造にコミットする代わりに、私は何を願っている?

・自分に容赦なく正直になれば、私は自分の人生に今どれだけコミットしている? 10%またはそれ以下? 15%またはそれ以下? 20%?

・私は自分の人生に100%コミットすることを厭わない?

・私は自分が強く願うものを創造することにコミットすることを厭わない?

・これを創造するには何が必要?

・これが現実に起きるには、何を行動しなくてはならない?

10秒毎に選択する

想像してください。全ての選択は10秒後には有効ではなくなったとしたら? とある方法でやり続けたいのであれば、再び選び直せば良いのです。10秒毎に継続的に選び続けること。だからこそ、それが本当に手に入れたいことなのか、確かにしておくほうが良いですね! 本当にそれだけ選択が簡単だったとしたら? 何かを選択して、それが機能しなければ、自分の選択をジャッジして責めることに時間を無駄にせずに済みます。ただ再び選べば良いのです。

ツール:10秒毎に生きる

▶ 10秒毎に選択する練習をしよう

▶ 小さいことから始めよう(立ったり、座ったり、お茶を入れたり、花を摘んだり等)

▶ ひとつひとつの選択に完全に「今ここ」でいよう。ひとつひとつの選択を楽しむこと。選択を重要視したり、正しい、間違っている、意味があるというふうにしたりしないこと。

▶ あなたの体がどのように感じるか、あなたには何が起こるかに気付きを向けよう。

▶ 選択するたびに、一か所に留まらない叡智(ノウイング)のギフトを自分に与えることができたとしたら?

第11章　特定の結果を想定しない

　人生の選択において、特定の結果をどれだけ選択する前から想定していますか？　あなたに情報があります。「これが現れなければならない」とあなたが決めていることは、大抵の場合、制限です。特定の結果を想定するのは止めて、どの選択があなたの人生の日常を拡がりのあるものにするのかという気付きを求めてください。ひとつひとつの選択が何を創造するのかというエナジーの感覚を掴んでください。より拡がりがあるのは何かというエナジーの感覚に従いましょう。たとえ、論理的に意味をなさなかったり、認知的に意味が分からなかったりしても。

> **ツール：あなたの選択が何を創造するのかというエナジーが受け取れるよう求める**
>
> ▶ 選択肢を見つめて、次の2つを問いかけましょう。
> ▶ もしこれを選んだら、私の人生は5年後どうなるだろう？
> ▶ もしこれを選ばなければ、私の人生は5年後どうなるだろう？

じっくり浸ってみる

　何かにじっくり浸るというのは、「快楽にふける、身を任す」という意味です。
　何かについての選択を検討していて、それを選びたいのか分からないとき、それにじっくりと浸るための時間を自分に与えてみてはどうでしょうか？

> **ツール：違う選択に浸る**
>
> ▶ 選びたいかどうか分からない事柄を見つめてください。次の3日間、それを選ぶということに浸ってください。何かに浸ると、それを選ぶことで創造され、生み出されるエナジーにもっと気付くことができます。そしてまた次の3日間、それを選ばないことに浸ってください。どちらがあなたにとって軽いですか？

> **問いかけ**
>
> もし私に規定や規制、基準点などなければ、私は何を選ぶだろう？

第12章　成功、失敗、必要性、欲求を信じるのを止める

　既に成功していて、人生にさらに変化も起こしたいのであれば、ただ変化させれば良いのです。まだ認めていない成功に、あなたはどこで、既にそうなっていますか？

転ぶことと失敗すること

　失敗なんてものはありません。それはあなたのポイント・オブ・ビューでしかないのです。計画したように上手くいかなかった選択は失敗でもなく、過ちでもないのです。あなたは何を選びたいですか？

ツール：気付きのために選び、正解を探そうとしない

▶ あなたの世界に気付きを創り出す選択をする練習をしてください。それが正しいのか、間違っているのかを基準にしないこと。あなたはなにを選びたいですか？

問いかけ

・正しくなければならないと決めたことは何ですか？

・あなたのビジネス／関係性／経済的な世界が正しくなければならないと決めましたか？

・正しい決定をしなくてはならないと決めましたか？

・間違った決定を避けること、転び、失敗することを避けなければならないと決めましたか？

・選択が気付きを創造すると知っていたとしたら？

・この選択は、あなたがまだ気付いていないどんな貢献になれるだろう？

本来のあなたと同じくらいに違ったあなたになる時が今だとしたら？

もし、あなたが失敗や過ちではなく、ただ違っているだけだとしたら？

ツール：自分の「失敗」からの貢献を受け取る

▶ 人生の失敗だとあなたが信じていることを書き出しましょう。書き出したら、それを見つめて、ひとつひとつに対してこう問いかけてください。

「これを失敗としてジャッジしなければ、どんな貢献を私はここから受け取ることができる?」「これがなければ持てなかったようなどんな気付きが私の人生に創造された?」頭に浮かんだものを書き出してください。自分の選択をジャッジすることから抜け出し、その選択が創造した貢献、変化、気付きに意識を向けましょう。

▶ 自分の「個人的な過ち」だと思っていることを書き出しましょう。自分はダメだと自己ジャッジしていることの一覧を見つめ、問いかけましょう。「これに関する自己ジャッジメントを取り除けば、これは実際にどんな強さになるだろう?」

私はお金を必要としていない、お金は欲しくない ― あなたはどちらでもない!

1946 年以前の辞書には「欲しい (want)」のもともとの意味には、27 の「欠乏する」という定義があり、「強く求める (desire)」という意味は 1 つしかないことを知っていましたか?「〜が欲しい」というたびに、実際には「〜が欠乏している」と言っているのです。

ツール:「お金は欲しくない」

▶ 「私はお金を欲しくない」と声に出して 10 回連続毎日言う練習をしましょう。それによって、どれだけ軽くなるかに気付いてください。あなたが感じるその軽やかさは、あなたにとって何が真実なのかを承認しています。なぜなら、本当は、あなたには何も欠けていないからです。

必要性と選択

何かが必要だと信じることが私たちは大好きです。でも、実際には全てが選択だったとしたら?

問いかけ

・何が必要だと私は決めた?
・それは本当に必要? それとも、選択?
・どんな必要性を今、選択だと認められる?
・もしそれが、私が今、楽しく選択できるものだとしたら?

- ・私は何を創造したい？

第13章　許容を持ち、許容になる

　許容（Allowance）であれば、あなたは川の中の岩になっています。この世界のお金についての全てのポイント・オブ・ビューがあなたに打ち寄せてきても、あなたは一緒に流されません。許容は受容ではありません。全てが大丈夫なのだと信じ込もうとすることではありません。意図的に境界線を引いても良いのです。あなたにとって機能するものを選べば良いのです。

　人があなたをジャッジするとき、それはあなたについてのジャッジではありません。それは彼らが自分に対して持っているジャッジメントであり、彼らが進んで創造したがっていない何かについて彼らが自分をジャッジしているのです。

ツール：自分にどんなジャッジメントを持っている？

▶　誰か、あるいは何かをジャッジしている自分に気付いたら、その人、その事柄に関して自分はどんなジャッジメントを持っているのかを問いかけ、それが軽くなるのかどうかを見てください。ジャッジメントはリアルではなく、許容は可能性を創り出します。

問いかけ

・他人が私に持っているジャッジメント（良いものも悪いものも）を進んで受け取るには？
・安らぎと共に全てを受け取ることを厭わなかったとすれば？

あなたは自分を許容することを厭わない？

　自分自身に持っているジャッジメントのほとんど９９％は周囲の人から拾ったものです。そうしたジャッジメントはリアルなものではなく、真実でもありません。

> **ツール：自分のジャッジメントをジャッジしない。楽しんで、そして再度選択すること!**
>
> ► あなたが自分をジャッジするとき、認めてください。「今私は自分を ジャッジすることを選んでいる。私はこれを少しの間だけ楽しんで、 その後は、自己ジャッジを止めることを選びます」
> ► あなたには、自分をジャッジすることを選ぶこともできるし、自分への ジャッジメントを止めることもできます。
> ► 自分をジャッジするのを止める準備ができたら、問いかけましょう。

問いかけ

- 私がまだ得ていない、私の正しいところは何?
- 私がなってきた（be）全て、行ってきた（do）全てに、何も悪いことな どなかったとしたら?
- もし、私について何も悪くないとしたら?
- 私自身に対する完全な許容を持つことが、実際には私の人生でのどん なギフトとなるだろう?
- 今日、自分をジャッジしないことで、自分へのどんな優しさになれる?

人を変えようとしない

　あなたに変えられるのは、あなただけです。他の人は変えられません。人 に選んで欲しいものを選ばせようとすると、彼らは抵抗し、そうするあなたを 嫌うことになるでしょう。人には、彼らがしたいように選択させ、あなたはあ なたで選択し続けてください。

問いかけ

- 私は自分のパートナーの、家族の、友人の選択をジャッジしている?
- どんな許容を彼らと彼らの選択に持てる?
- 私がまだ選んでいない何を、今日自分のために選べるかな?

第 14 章　制御不能になることを厭わない

コントロールするために、人生の中でお金をどれだけ十分に小さくしてきましたか?

あなたのアウェアネスを拡げ、あなたがコントロールしようとしてきたものを手放すことで、あなたの人生、ビジネス、様々な収益の流れを創造することができたとしたら?

カオスから、見事に創造できたとしたら?

お金の創造がいかに直線的ではないかを覚えていますか?　あなたも直線的ではないのです!　たとえ他人には完全にカオスに見えたとしても、どのようにあなたが創造したいか、創造する必要があるのかに関わらず創造することができたとしたら?　人生をコントロールしようとすることを諦めて、人生をただ創造することを始めたとしたら?　覚えておいてください。あなたはユニバースの中に独りぼっちではありません。ユニバースはあなたが強く望む全てに貢献してくれます。だから、もっと求めてください。

ツール：コントロールを諦め、手放す

▶ 次の一週間は、あなたが力強くしがみついていた全ての手綱を手放そうとしてみてください。あコントロールしようとしてきたことを手放し、何か新しいものが現れるかを見てみましょう。たくさん問いかけしてください。

問いかけ

- これら全てを安らぎと共に創造するには、どんな問いかけをする必要がある?
- 私のビジネスと人生に他に誰、何を加えられる?
- これがもっと簡単になるには?
- 今日は何が私に注目されたがっている?
- これを創造するには、私は今、何に取り組む必要がある?

第15章　キャッシュフローについてのメモ

キャッシュフローの創造が、ただ、可能性と遊ぶことだったとしたら?

ツール：キャッシュフローに意識を向けて、より多くの問いかけをする

▶ あなたが現在持っているキャッシュフロー、持っていないキャッシュフローを見つめてください。それぞれに意識を向ける時間を取り、毎日もっと問いかけしましょう。お金について自分を教育し始めてください。

問いかけ

・私の人生に継続的なキャッシュフローを持つには?

・いくつの収益の流れ、創造の流れを創り出せる?

・私は何で遊びたい?

・何が私に喜びをもたらす?

・私は何に好奇心を持っている?

・私にとって発見するのが楽しくなるような、お金に関する他にどのようなものが世界には存在する?

全てを急速に拡げるために加えると良いアクセス・コンシャスネスのツール2点

アクセス・コンシャスネスが私の人生に創造した違いは、信じられないほどのものです。

アクセス・コンシャスネスは、あなたの人生に変化を創造する、強力なツールキットです。あなたの機能の仕方を究極的に変えるので、制限がなくなり、望む全てを選ぶためのスペースがどんどん拡がります。

単なる問いかけだけではなく、アクセス・コンシャスネスの概念やツールを行動にすることで、あなたは物事を変化させられるようになります。人生において物事を行き詰まらせ、変化させなくしていたポイント・オブ・ビューや結論、ジャッジメントの根底にあるエナジーをクリアリングします。ロジカルマインドで解決できるなら、望んだ全てを手に入れているはずです。ロジカルマインドとは、私たちを閉じ込める狂ったポイント・オブ・ビューなのです。クリアリング・ステイトメントは、それら全て、そしてそれ以上を変化させます。

その根底にあるエナジーをクリアリングし、変化させるための2つのツールがあります。本書のツールと併せて使うことを強くお勧めしたいのは、アクセス・コンシャスネス™ クリアリング・ステイトメントと、アクセス・バーズ™ です。

このクリアリング・ステイトメントとは、問いかけと併せて使うことのできる言葉のクリアリング・プロセスで、あなたが現在、制限を感じ、行き詰りを感じているエナジーをクリアリングします。アクセス・バーズとは、手技を伴った体に働きかけるプロセスで、あなたの体やあなたのポイント・オブ・ビュー（つまりあなたの人生）に閉じ込められて離れなくなっている思考、感覚、感情の要素を消散させます。

何年も前、人生のある領域を変化させようと思っていたときに、私はたくさんの本を読み漁りました。でも、そのような本に書かれている人々の体験談を読むたびに「えーっと、それは素晴らしいけど、じゃあ、どうやればいいの？

どうやって変化させれば良いの??」とイライラしてきたものです。本書は別物です。私の体験談や問いかけ、ツール、クリアリング・ステイトメントと共に使えるクリアリングも紹介しています。私にとっての全てがこれで変化しました。私の強い望みは、こうしたツールが存在するということをあなたが知ること。そして、上手くいっていないと思えるような人生のあらゆる領域でもあなたは変化させられるのです。選択は完全にあなた次第です。

アクセス・コンシャスネス ™ クリアリング・ステイトメント

クリアリング・ステイトメントとは、アクセス・コンシャスネスの中の基礎となるツールで、「魔法」とも言えるでしょう。これはエナジーの話です。問いかけをして、クリアリング・ステイトメントを唱えると、異なる何かを手に入れたり (have)、それになったり (be)、それを選ぶ (choose) ことをさせないポイント・オブ・ビュー（しかもあなたが創造したポイント・オブ・ビュー）の全てをあなた自身で変えて、破壊して、＊アン・クリエイトします。

（＊訳注　アンクリエイト：一度創造したものを創造していなかった状態に戻すこと。そしてその創造に費やしたエナジーを別の何かに使えるようにすること。）

クリアリング・ステイトメントは、存在するはずのない思考、感覚、感情、制限、ジャッジメント、結論の全てを変化させるようにデザインされています。そして、さらなるアウェアネスを創造し、あなたにより多くの可能性が広がるよう、遊びや喜びの感覚、それまでとは異なる何かをさらに創り出します。

こちらが完全なクリアリング・ステイトメントです。

Right and wrong, good and bad, POD and POC, all 9, shorts, boys and beyonds®.

これはあなたがクリアリングしている全ての多様なエナジーを短縮して表しています。クリアリング・ステイトメントの美しいところは、これを理解する必要がないこと。そして、全てを覚えている必要さえありません。ただ、「POD（ポッド）and POC（アンド ポック）」や「それら全て」でもいいですし「私がさっき読んだ変な本のエ

ナジー」でもいいのです。なぜなら、全てはただのエナジーであり、言葉ではないので、それでも効くのです。

　以下はクリアリング・ステイトメントの言葉を要約し説明したものです。さらなる情報をお求めの場合には <www.theclearingstatement.com> をご覧ください。

Right and Wrong, Good and Bad
ライト　アンド　ロング　グッド　アンド　バッド

　この部分は「これについて、何が正しい、良い、完璧、正しいと私は決めたのだろうか？　これについて、何が間違っていて、意地悪で、邪悪で、酷く、邪悪で、恐ろしいと私は決めたのだろうか？」ということを示しています。

POD & POC
ポッド　アンド　ポック

　POD はポイント・オブ・ディストラクション（破壊のポイント／破壊の瞬間）の略で、ジャッジメントやポイント・オブ・ビュー、またはエナジーをその場に閉じ込めるような決めつけをした直前の思考、感覚、感情の「破壊のポイント／破壊の瞬間」です。また、何かを存在させるために、あなたが常に自分を破滅に導いてきた全ての方法の「破壊のポイント／破壊の瞬間」でもあります。POC は、エナジーをその場に留めることにつながった何らかの決めごとをした直前の思考、感覚、感情のポイント・オブ・クリエイション（創造のポイント／創造の瞬間）を指します。

　また「POD & POC」は、クリアリング・ステイトメントを唱えるときの略語でもあります。
　何かを「POD & POC」すると、トランプで作ったタワーの下段にあるカードを引き抜くのと同じようなことが起こります。全てが崩れるのです。

All 9
オール・ナイン

　「All 9」は人生の制限を創り出すときの9つの方法を指しています。これらは、凝り固まっていてリアルな制限を創造する思考、感覚、感情、ポイント・オブ・ビューによる9つの層です。

Shorts
ショーツ

「Shorts」は以下のような長い問いかけの短縮版です。これについての有意義さとは？　これについての無意味さとは？　これの罰は何？　これの報酬は何？

Boys
ボーイズ

もし玉ねぎの皮を剥ぎ続ければ、問題の核にたどり着けるというポイント・オブ・ビューを私たちは持っていますが、実際に核に到達できないことがどれだけありますか？　Boys(ボーイズ)とは、皮を剥かなくてはならない玉ねぎだと私たちが誤って認識している、核のある球体と呼ばれるエナジー構造を表します。核のある球体とは、子供のシャボン玉パイプから出て来るシャボン玉のようなものです。私たちは問題に対処していると思いながらシャボン玉を割ろうとしますが、実際はパイプに息を吹き込んでシャボン玉を作っているその子供が原因です。その子供を取り除けば、シャボン玉は止まります。これが、総称として the boys と呼ばれるエナジーです。

Beyonds
ビヨンズ

これは、あなたの心や呼吸を止めたり、可能性を見ようとする意欲を阻止したりするフィーリングや感覚を表しています。Beyonds(ビヨンズ)は、あなたがショック状態のときに起きます。例えば、予想をはるかに超える高額の電話代請求書を受け取ったときなど。これらは大抵フィーリングや感覚であり、感情であることはほとんどなく、思考であることはまずありません。

クリアリング・ステイトメントはどのように機能するのか

私が初めてクリアリング・ステイトメントについて聞いたのは、アクセス・コンシャスネスを紹介する夜のイベントでした。そこでクラスのファシリテーターがクリアリング・ステイトメントを言ったとき、私はこう思いました。「この人は一体何のことを話しているの？　何のことなのか全くわからない！」そこで私が気付いたのは、翌日に目が覚めてみると物事が変化していた、ということなのです。

当時私は自分の人生を秩序立てたものにしていました。朝6時30分に起床、7時までにはジムに到着（ジムに行かなければ、その後一日中自分をジャッジすることになるので、ジムにはいかなくてはならなかったのです）、9時までにはオフィスに到着し、月曜から金曜日にビジネスを営み、夜遅くまで起きてあれやこれやをする。特定のルーティーンでなくてはならないと思っていて、そういうものだろうと思っていました。

　例のクラスの次の朝、ベッドで体を起こしていた私は気付きました。「あら、私ったらジムに行こうと起き上がってもいない」そしてスペースの感覚を感じていました。そしてまだ、何が起きたのかがよくわかっていませんでした。

　前夜のファシリテーターが電話をしてきてこう言いました。「こんにちは。その後どうかなと思って電話しました。」「昨晩は私に一体何をしたの?」と私が言うと彼は「どういう意味?」と聞くので、私の人生がまるごと変化してしまったように感じると説明しました。「しなくてはならない」と私が決めつけた全てが、もう関係のないものになっていました。それまでとは異なる可能性が目の前にあるように思えつつも、それが何なのかが全くわかりませんでした。でもそれがただ楽しかったので、どうにかしなくてはならないとは思いませんでした。子供の頃以外には体験していなかった、このような遊び心が私の中に生まれていました。

　ひとつ私が知っていたのは、アクセスの入門クラスでファシリテーターが何を話していたかに関わらず、それは効果があるということ。そして私はもっと求めました。その後すぐに「次はどんなクラス?　いつするの?」と聞いていたのです。すると、そのファシリテーターが次のクラスについて教えてくれたのですが、クリスマスの時期なので誰も来たがらないかもしれないと言いました。私は聞きました。「クラスを開催するのに何人が必要なの?」「4人」「わかったわ」それから3日以内に、私はクラス参加者を4人集め、まさにクリスマスと正月の間の時期にクラスを受けました。

　それこそが「それがどのようなものであっても、もっと手に入れる!」とい

う私の世界の中での強い要求 (demand) でした。私は本当に長い年月の間、求めていました。スピリチュアルを通して、ドラッグを通して、世界中を旅することを通して求めてきましたが、別の何かをもっと求めていました。全ての側面において、それを探していたと思います。後になって気付いたのは、この探求が私に見せていたのは、私でした。私は常に、変化の源を自分の外側の他のどこかに探していたのです。そこで気付き始めたのは、私自身が変化の源だったということでした。

クリアリング・ステイトメントの使い方

クリアリング・ステイトメントを使うには、まず、問いかけます。問いかけると、エナジーが湧き上がります。特定の思考、感覚、感情が湧き上がるかもしれませんし、そうではないかもしれません。そして、湧き上がっているエナジーをクリアリング・ステイトメントで消し去ります。例えば・・・

「私はお金を創造することについて、どんなジャッジメントを持っている？それら全て（例：そこから湧き上がってきた全てのエナジー）を私は全て破壊してアン・クリエイトします。Right and wrong, good and bad, POD and POC, All 9, shorts, boys and beyonds.」

例のクラスでは、ファシリテーターは問いかけた後に、このように続けました。「それが湧き上がらせる全てを、破壊してアンクリエイトしたいですか？」そして、クリアリング・ステイトメントを唱えていました。どれだけを手放したいのか、どれだけの変化を厭わないのかは、あなたに委ねられているからです。クリアリング・ステイトメントはあなたにとって機能しているものや、あなたが変えたくないものは消し去りません。あなたが手放すことを厭わないもの、手放したいものだけをクリアリングします。

この章の最後には、クリアリング・プロセス（問いかけとクリアリング・ステイトメントが一緒になったもの）の一覧を載せました。クリアリングを繰り返し流すと、その領域でより多くがクリアリングされ、より多くの安らぎ、スペース、選択のためのエナジーが得られます。

アクセス・バーズ™

　アクセス・バーズは、頭にある 32 のポイントで、それらに優しく触れるだけで、癒し、悲しみ、喜び、セクシャリティー、体、エイジング、創造性、コントロール、お金などのトピックに関する思考、感覚、感情を消し去ります。きっと皆さんは、このようなトピックに、何のポイント・オブ・ビューを持っていないですよね?

　バーズを受けることをぜひ強くお勧めします。バーズを受けると、あなたが創造している変化に、あなたの体も含まれるようになります。人生を変化させる過程に、体を、人生はより多くの喜びと安らぎで満たされていきます。

　私が最初にバーズを受けたとき、強いポイント・オブ・ビューなど何も持っていないように思っていた領域に、広いスペースが創られました。異なる何かを選ぶことが、より可能となりました。バーズのエナジーを流せば流すほど、そのスペースはより大きくなっていきます。

　物事を変化させるときにバーズを活用するもう一つの方法は、マネー・バーにエナジーを流している間に、お金に関して湧き上がってきたことを何でも話す、というものです。そうすると、あなたがお金とはこういうものだと決めたことや、お金について鵜呑みにした全てのポイント・オブ・ビュー、家族、友人、文化、生まれた国などのポイント・オブ・ビューを消し去る削除ボタンが押されます。そうすると、あなただけの経済的現実が創造され始めます。

　アクセス・バーズのセッションができる「プラクティショナー」と呼ばれる人たちをぜひ探してみてください。バーズのクラスに参加するのも良いかもしれません。アクセス・バーズの 1 日クラスでは、バーズのセッションを 2 回受けて(レシーブして)、2 回セッションをする(ギフトする)といった実技を通して学びます。クラスが終わる頃には、全く新しい感覚でクラス会場を出ることになるでしょう。

　更なる情報は、こちらをチェックしてください。
www.bars.accessconsciousness.com

アクセス・コンシャスネス　お金のクリアリング・プロセス

　以下にリストしたお金のクリアリング・プロセスは、より多くの可能性を持たせないエナジーをクリアにするために使うことができます。これらのクリアリングを使えば使うほど、より多くの変化が得られます。

　これは音声（www.gettingoutofdebtjoyfully.com/bookGIFT）にもなっているので mp3 プレーヤーや携帯電話で、繰り返し再生することもできます。

　また寝ている間にほとんど聞こえないぐらいの音量でかけておくこともできます。認知的なマインドが邪魔しないほうが、よりダイナミックに機能します。楽しんで!　覚えておいてください。「借金から楽しく抜け出そう!」ですよ!

　あなたにとってお金とはどんな意味がある?　それら全てを破壊してアンクリエイトしますか? Right and wrong, good and bad, POD and POC, all 9, shorts, boys and beyonds.®

　お金について、正しいと決め、結論付けたことは何ですか?　それら全てを破壊してアンクリエイトしますか?　Right and wrong, good and bad, POD and POC, all 9, shorts, boys and beyonds.®

　お金について、間違っていると決め、結論付けたことは何ですか?　それら全てを破壊してアンクリエイトしますか?　Right and wrong, good and bad, POD and POC, all 9, shorts, boys and beyonds.®

　あなたが現在稼いでいるお金の額を2倍にしてください。そのエナジーを感じます。それを現さない全てを破壊してアンクリエイトしますか?　Right and wrong, good and bad, POD and POC, all 9, shorts, boys and beyonds.®

　あなたが現在稼いでいるお金の額を5倍にしてください。そのエナジーを感じます。それを現さない全てを破壊してアンクリエイトしますか?　Right and wrong, good and bad, POD and POC, all 9, shorts, boys and beyonds.®

では次に 10 倍にしてください。それら全てを破壊してアンクリエイトしますか？　Right and wrong, good and bad, POD and POC, all 9, shorts, boys and beyonds.®

　では次に 50 倍にしてください。あなたが現在稼いでいるお金の額を 50 倍です。全てのジャッジメント、投影、分離、起きるだろうとあなたが決めつけ結論付けた全てを破壊してアンクリエイトしますか？　Right and wrong, good and bad, POD and POC, all 9, shorts, boys and beyonds.®

　では 100 倍にしてください。それら全てを破壊してアンクリエイトしますか？　Right and wrong, good and bad, POD and POC, all 9, shorts, boys and beyonds.®
　今すぐにおり多くのお金を生み出すには、今日の私はどんなエナジーになり、どんなエナジーとして行動を起こさなくてはならない？　それら全て掛ける不可説不可説転（これは神のみぞ知る大きな数字のこと！）破壊してアンクリエイトしますか？　Right and wrong, good and bad, POD and POC, all 9, shorts, boys and beyonds.®

　楽しさではなく、お金に焦点を当てているために、自分を制限したりや自分が創造できるものを制限しているのはどんなところでしょう？　それら全て掛ける不可説不可説転を破壊してアンクリエイトしますか？　Right and wrong, good and bad, POD and POC, all 9, shorts, boys and beyonds.®

　どんな生成的なエナジー、スペース、コンシャスネスに私の体と私がなれば、毎日が生きる祝福になる？　それら全て掛ける不可説不可説転を破壊してアンクリエイトしますか？　Right and wrong, good and bad, POD and POC, all 9, shorts, boys and beyonds.®

　お金で何を証明していますか？　お金のなさで何を証明していますか？　それら全て掛ける不可説不可説転を破壊してアンクリエイトしますか？　Right and wrong, good and bad, POD and POC, all 9, shorts, boys and beyonds.®

どんなお金の創造を使って、他人の現実を肯定し、あなたの現実を否定することを選んでいますか？　それら全て掛ける不可説不可説転を破壊してアンクリエイトしますか？　Right and wrong, good and bad, POD and POC, all 9, shorts, boys and beyonds.®

　あなたがお金について決めつけたことで、それを決めなければ完全に異なる現実とキャッシュフローを創り出すものとは？　それら全て掛ける不可説不可説転を破壊してアンクリエイトしますか？　Right and wrong, good and bad, POD and POC, all 9, shorts, boys and beyonds.®

　お金を憎むことの何を愛していますか？　お金を愛することの何を嫌っていますか？　それら全て掛ける不可説不可説転を破壊してアンクリエイトしますか？　Right and wrong, good and bad, POD and POC, all 9, shorts, boys and beyonds.®

　金持ちで豊かになることの何に反対していますか？　それら全て掛ける不可説不可説転を破壊してアンクリエイトしますか？　Right and wrong, good and bad, POD and POC, all 9, shorts, boys and beyonds.®

　たくさんのお金を持つことからあなたを遠ざける、本当はそうではないのに「お金はこうである」というどんな決めつけを持っていますか？　それら全て掛ける不可説不可説転を破壊してアンクリエイトしますか？　Right and wrong, good and bad, POD and POC, all 9, shorts, boys and beyonds.®

　お金についてのどんな秘密を持っていますか？　あなたの暗く、深い秘密は何ですか？　それら全て掛ける不可説不可説転を破壊してアンクリエイトしますか？　Right and wrong, good and bad, POD and POC, all 9, shorts, boys and beyonds.®

あなたはビリオネアーになるため、十分に一生懸命に仕事をすることを厭いませんか？　それら全て掛ける不可説不可説転を破壊してアンクリエイトしますか？　Right and wrong, good and bad, POD and POC, all 9, shorts, boys and beyonds.®

　お金、利益、ビジネス、成功について、どんなジャッジメントをあなたは持っていますか？　それら全て掛ける不可説不可説転を破壊してアンクリエイトしますか？　Right and wrong, good and bad, POD and POC, all 9, shorts, boys and beyonds.®

　莫大なお金は想像も及ばないとあなたが決めたところ全てを破壊してアンクリエイトしますか？　それら全て掛ける不可説不可説転を破壊してアンクリエイトしますか？　Right and wrong, good and bad, POD and POC, all 9, shorts, boys and beyonds.®

　どんなエナジー、スペース、コンシャスネスにあなたとあなたの体がなれば、多すぎるお金で絶対に十分ではないお金をあなたに持つことを許す？　それら全て掛ける不可説不可説転を破壊してアンクリエイトしますか？　Right and wrong, good and bad, POD and POC, all 9, shorts, boys and beyonds.®

　あなた方のどれだけが「全くお金がない」に基づいて創造していますか？　あなたが創造の源であるよりも、あなたはお金を創造の源にしていますか？それら全て掛ける不可説不可説転を破壊してアンクリエイトしますか？　Right and wrong, good and bad, POD and POC, all 9, shorts, boys and beyonds.®

　あなたが認めることを拒絶してきたことで、投資についての何をあなたは知っていますか？　もしそれを認めれば、あなたがこれまで夢見た以上の大きなお金を創り出すものとは？　それら全て掛ける不可説不可説転を破壊してアンクリエイトしますか？　Right and wrong, good and bad, POD and POC, all 9, shorts, boys and beyonds.®

どれだけ異なる収入源を創ることができますか？　他にどんな収入源で遊ぶことができますか？　あなたが想像したこともないような多額のお金を創造するような、ランダムな収入源をどこで現れなくさせていますか？　それら全て掛ける不可説不可説転を破壊してアンクリエイトしますか? Right and wrong, good and bad, POD and POC, all 9, shorts, boys and beyonds.®

あなたが持っているもので、お金、通貨の流れ、収益の流れを増やすためにあなたが使いたがっていないものは何ですか？　それら全て掛ける不可説不可説転を破壊してアンクリエイトしますか？　Right and wrong, good and bad, POD and POC, all 9, shorts, boys and beyonds.®

お金の欠乏を創造することをどこで放棄していますか？　それら全て掛ける不可説不可説転を破壊してアンクリエイトしますか？　Right and wrong, good and bad, POD and POC, all 9, shorts, boys and beyonds.®

変化なし、創造なし、楽しさなし、幸せなしの一貫性を維持する、お金を決して、決して、決して、決して、決して持たないことの何をそこまで必要不可欠にしていますか？　それら全てを破壊してアンクリエイトしますか？
Right and wrong, good and bad, POD and POC, all 9, shorts, boys and beyonds.®

どんな熱意をあなたは拒絶していますか？　もしそれが真に選ぶことができ、それを選べば、あなたが可能だと思ったことのある以上のお金を創造することができたとしたら？　それら全てを破壊してアンクリエイトしますか？
Right and wrong, good and bad, POD and POC, all 9, shorts, boys and beyonds.®

誰、何を失うことを拒絶していますか？　もし彼ら、それらを失えば、たくさんすぎるほどのお金をあなたに持たせるものとは？　それら全てを破壊してアンクリエイトしますか？　Right and wrong, good and bad, POD and POC, all 9, shorts, boys and beyonds.®

なる（be）ことができるかもしれない、何になることをあなたは拒絶していますか？　もしそれになれば、あなたの経済的現実をまるごと変化させてしまうようなものとは？　それら全てを破壊してアンクリエイトしますか？　Right and wrong, good and bad, POD and POC, all 9, shorts, boys and beyonds.®

　どんなレベルの熱意と生きることの喜びをあなたは拒絶していますか？　もしそれを拒絶しなければ、あなたの経済的現実をまるごと変えてしまうようなものとは？　それら全てを破壊してアンクリエイトしますか？　Right and wrong, good and bad, POD and POC, all 9, shorts, boys and beyonds.®

　あなたが受け取りたがってこなかったものとは何でしょう？　もしそれを受け取れば、自分が受けるに足るお金の流れと通貨の流れを創り出すものとは？
　それら全てを破壊してアンクリエイトしますか？　Right and wrong, good and bad, POD and POC, all 9, shorts, boys and beyonds.®

　お金の欠乏を創るために、どれだけの疑いを使うことをあなたは選んでいますか？　それら全てを破壊してアンクリエイトしますか？　Right and wrong, good and bad, POD and POC, all 9, shorts, boys and beyonds.®

　人生で創造したもので、あなたが認めたがっていないものは何ですか？　それを認めれば、もっと大きな何かを創造するものとは？　それら全てを破壊してアンクリエイトしますか？　Right and wrong, good and bad, POD and POC, all 9, shorts, boys and beyonds.®

　あなたには今、何を創造する能力がありますか？　あなたがこれまで知覚し、知り、なり、受け取りたがってこなかった創造する能力で、それを選べば、より少ない努力でより多くのお金とより大きな変化を世界に実現するものとは？
　それら全て破壊してアンクリエイトしますか？　Right and wrong, good and bad, POD and POC, all 9, shorts, boys and beyonds.®

第 4 部

変化のストーリー

変化のストーリー

変化のストーリー

　ある人がお金の現実をどのように変えたかについて読んだ時、「この人たちは特別だったんだ、彼らには簡単なことだったんだろう。多分自分には使えないだろうな」と思うのは簡単でしょう。

　あなたがどこの出身なのか、どれほど年をとっているのか、どれほど若かろうが、お金を少しは持っているのか、たくさん持っているのか、もしくは全く持っていないのか、本当に全然関係ないのです。あなたの過去のお金の状況が彼らのようである必要はなく、今日の状況ですらそのようである必要はありません、変えられるし、拡大もできます。

　私の周りにはたくさんのいろんな人がいます - 今とはお金の状況が違っていたという、素晴らしく、信じられないような人たちが。そして特別にこの本でシェアするために、彼らにインタビューできることにドキドキしていました。

　この人たちは皆、お金に苦しみ、お金について制限されたポイント・オブ・ビューを持つ状況で育ったり、そんな中で暮らしてきたりして、そしてそれを変えてしまった人たちです。彼らのストーリーが皆さんをインスパイアすることを願います。そして借金を抱える状況と、お金に関するポイント・オブ・ビューを変えることは重要視する必要などなく、それはあなたの人生にただあるもので、変えられるのだとわかるような貢献となることを。

　注意：以下のインタビューは編集されたものです。インタビューの全編はジョイ・オブ・ビジネスのラジオ番組で放送されました。http://accessjoyofbusiness.com/radio-show/ こちらから番組のアーカイブを聞くことができます。

クリストファー・ヒュースへのインタビュー

ジョイ・オブ・ビジネス　インターネットラジオ番組「借金から楽しく抜け出そう！　ゲスト：クリストファー・ヒュース」　2016 年 7 月 27 日放送分より

あなたが借金を抱えていた時の人生はどんな感じだったのですか？　お金がない時は、どのように機能していましたか？　主なポイント・オブ・ビューはどんなものだったのでしょう？

　その当時機能していたところと、お金に関する主なポイント・オブ・ビューはですね「辛すぎる」でした。他の人にはチャンスがあるのに自分にはない、または自分がうまく使いこなすには、チャンスが足りないだけなんだと思っていました。

　やりたいことがあるのにお金が足りない、助けてくれる人があまりいない、または僕の提供する商品やサービスに興味を持ってくれる人があまりいないなどと思っていて、そうですね、あれこれ理由をつけていました。

それは自分やお金の価値に目を向けようとしていなかったようなところ全てにつながるのでしょうか？

　ええ、イエスでもありノーでもありますね。自分の価値でもありますが、必要なお金がないことをその状況のせいにしていました。そしてもう非現実的なくらいお金がないことすらありました。借金があるだけではなく、こんな感じだったんですよ。「うわあ、ガソリンがそろそろ空っぽになるのに 50 セントしか持ってないよ。うーん、じゃあゆっくり走ってみようか。ガソリンの消費量が減るからね。ちゃんと家に着ければいいや」

　「このツナ缶一つで今夜を面白い夜にするには、さてどうする？」とかね。もしツナ缶が買えたらの話だけど！　でも自分がいる状況の、その理由を予測することばかりでした。可笑しいんですよ。人生の他のことではこんなことをしたことがないんですから。多分何かと自分のせいにしがちなはずなのに、どういう訳かお金のこととなるといつも、これは自分がいるこのシナリオのせ

いにしていました。この状況のせいだ、僕を取り囲む環境のせいだと。当時はこんな特殊なレンズを通して見ていましたね。

　ということは、自分のせいではないということ？　お金がないのは他の誰かのせいだ、というようなこと？　子供の頃はどうだったの？

　全くその通り。お金がないことに心底うんざりして、イライラして、煩わされて、思ったんです。「ちょっと待てよ。どうして俺はこんなものを選んでいるんだ？　どうしてこのシナリオやら状況やらを責めてるんだ？」　気付いたんですよ。アクセス・コンシャスネスのクラスを受けたので、そしてこのシナリオをしっかり見つめて…「うわあ、これって僕を育ててくれた母親の生き方そのままじゃないか」と。母には、そのシナリオを責める理由が山ほどあったんです。母は 16 歳の時に妊娠が理由で結婚して、そして 25 歳の時に 3 人の子供を連れて離婚しました。一番上の子供が 9 歳ね。高校以上の学歴はありません。そして僕の父はとても暴力的な人だったんです。幼稚園の最後の日に母が迎えに来て、そのまま他の町に逃げて行ったことを覚えています。父が暴力をふるうから。それから母は昼間セブンイレブンで働いて、その後夜間の高校に通っていました。こうして少しずつ這い上がって行ってましたね。それでも母にはたくさんポイント・オブ・ビューがありました。苦しくて辛い人生を背負うというシナリオや状況の中で僕は育ちました。人生は自分で創るものではなく、既に与えられたものでしたね。

　自分が回避や無知のエナジー、またはいつも借金を繰り返すエナジーを創ったのをはっきりと覚えているところはある？

　僕の人生を象徴することと言えば、いつも旅していたことですね。旅人でした。カナダの小さな町で生まれましたが、離れられるようになってすぐにそこを離れました。母のように妊娠してさえいなければ離れられるんだし。こうして僕はあちこちを転々とし、いつも自分を改革し、4 年かけて国の反対側まで行きついて、それからアジアに渡り、数年過ごし、またあちこちに移動しました。どこにも腰を落ち着ける必要はなかったし、どこにいても自分の人生を築くんだとコミットする必要もなかったんですよ。

そして、ええ、こんな手紙をたくさんもらいましたよ。「このサービスの提供を停止します」「あなたは〜をしませんでした」でも僕の人生には全然堪えませんでしたね。だってとにかくそこに居続けるつもりなんて全然なかったので。「あ、そう」と思って終わり。一度ボロボロの車を手に入れたんですよ。そんな車しか買えなかったから。でもあれは人生で最悪の爆弾だったなあ。

　その車が壊れちゃったので、僕は「あーあ」と思って、カップホルダーに手を伸ばしてそこにあった小銭をつかんで、ポケットに入れて、路肩に車を乗り捨てちゃった。それが全財産だったから。自分の面倒をみたり、こういうものに気を配ったり、出費をカバーしたり…　そして出費をカバーするだけでなく、自分のためにより多くを手に入れることなんかで、人生を手に入れることにコミットしようなんて気は全然なかったんです。

　実際、本当に可笑しかったですよ。その爆弾を乗り捨てた後の話をしましょう。車のコンソールボックスからつかんできたのは、ただの小銭じゃなかったんですよ。それをつかんできたのはいいけど、僕が当時住んでいたのはクイーンズランドのサンシャインコースト。ブリスベンから2時間かかるところです。そこで車がダメになっちゃった。ブリスベンにいて、その時シモーンのパートナー、ブレンドンにクリスマスプレゼントを買ったので、それと小銭を取り出したんです。ブレンドンが料理に夢中になっていたので、プレゼントは鍋とフライパンのセット。僕はそのかき集めた小銭、それをブリスベンからサンシャインコーストまでの電車代に使ってしまったので、サンシャインコーストに着いた時には一文無しだったんですよ。電車の駅は僕が住んでいたところからまだ35-45分ほど離れたところだったし、「本当にどうやって家に帰ったらいいのかわからんな」と思いましたね。全部使っちゃったので。

どうやって帰宅したの？

　「30分かけて私を家まで送ってくれる知り合いを見つける、その電話をかけるお金すら私には残されていなかったのだ。」

最近あなたは初めてテスラに乗りましたね。降りた時にあなたは「うん、僕は新しい車が欲しいような気がする。今がアップグレードの時期だと思うな」と言っていました。現在テスラは 22 万オーストラリアドルほどです。人生でこのようなことに目を向ける際… 数年前にこういうことはあなたのユニバースのどこにあったでしょう？　どんなポイント・オブ・ビューでした？　そして今のポイント・オブ・ビューはどんなものですか？

　何年か前、そんなに昔でもないのですが、「ああもう、そんなもの、ほっとけよ」というポイント・オブ・ビューでした。5 万ドルの車でもそうでした。だから 22 万ドルの車なんてもう馬鹿馬鹿しくて、やってられないし、そんな車見たくもない、脇を通るのも嫌だねという感じでした。今はそうじゃないですよ。今はこんな感じですね。「これを自分に創り出すためには、ちょっと交渉して、ちょっと問いかけとかして、経済的な面で何が得られるかを見る必要があるけど、多分大丈夫だな。」

　最近お店でこのかっこいいシャツを 3 枚買ったんですよ。一枚 500 ドル。以前借金があった時なら「うわあ、俺何してんだろ？」と思ったでしょうね。でもこのシャツの自分のサイズを全部買ったんですよ。サイズがあったらもっと買ってたな。以前とは全然違うポイント・オブ・ビュー、パラダイム、「良いじゃない。買っちゃおうよ」ですよ。借金がなくなって気付いた大きな変化の一つがこれですね。自分の人生のかなりの部分が、もう制限からは機能しなくなっています。

　それを創り出すために、人生のどの部分を変えたのですか？　どんな要求をしなければならなかったのでしょう？　もう制限からは機能しないために、変化のためのどんなツールを使ったのですか？

　いくつかありました。というのは、アクセス・コンシャスネスのギャリー・ダグラスが僕に紹介してくれた、10％アカウントというツールでした。入ってきたお金は 1 ドルでも、自分に敬意を払うものとしてその 10％を取り分けておく。絶対に使わない、請求書の支払いにも使わない、とにかくそれは使っちゃダメ。でも僕には難しかったですね。もし赤い封筒に「電気の供給を止めます」と

書かれて来ても、その10%は絶対使えない、だから僕には合理的なことじゃなかったんです。だから自分にお金を「持たせる」ためのトリックを使い始めました。それがシルバーの購入だったんです。

シルバーは証券取引所で取引可能な商品です。シルバーの市場には毎日スポット価格がある、もう通貨なんですよ。こうして自分の10%でお金の価値があるシルバーを購入しましたが、それを支払いには使えませんよね。シルバーを持って行って通貨などに交換し、その取引で損を出したり儲けを出したりもできるという意味ですが、とても不便なんです。そして支払うためにシルバーを換金する間にかかるわずかな緩衝期間が、いつも僕に「ダメだ、待て。これは絶対に人生に取っておきたいものなんだ」と思う十分な時間を与えてくれました。こうしておいてとても良かった点があるんですね。自分の10%で40ドルのスプーンを買う時もあれば、1キロのシルバーを買う時もあって、それが今900オーストラリアドル位の価値になっているんですよ。そしてその後、この少額の増加や大きな増加が本当に加速し始めました。1-2年前に住宅ローンの申請をし、自分にローンを組む資格があるのかどうかわからなかったんですよ。銀行が本当に僕にお金を貸してくれるかどうかということですね。そしてこの家のローンを組むにあたり、シルバーやゴールドなどの価値を計算してみたら、シルバーだけで15万ドルほどあったのです。

それを元にして銀行側は「ええ、お金はお貸ししますよ。あなたは十分に資産をお持ちだから」そこで僕は「うわあ。これって新しくない?」と思ったの。だからこの10%アカウントは、自分にお金をもたせるように騙す、僕にとっては最大の鍵でしたね。だって僕はお金を創り出すことには長けているのに、それを「持つ」ことが得意じゃなかったから。

何の抵抗もなくこの10%アカウントを始められましたか? それとも最初このツールに関してどんなポイント・オブ・ビューがありましたか?

正直言って、抵抗がなかったわけではありません。僕はアクセス・コンシャスネスのクラスをもうかれこれ10年くらい受けてきているんですけど、この10%に対してはかなりのポイント・オブ・ビューがあったんです。「どうでも

いいよ」という感じだったし。請求書が来ると自分に「こんな額のお金を口座に入れておくために、これ以上創り出す方法なんてないよ。こんな請求書をもらったって、どうやって支払ったらいいかわかんないよ」と思っていたし。

ギャリー・ダグラスはいつも「求めよ、さらば与えられん、だよ。お金が現れるように求めるんだ。その 10%を使ってはいけない。自分に敬意を払うためなんだよ。お金が現れるように求めるんだ」と言っていますよね。そして僕は、自分をいつも請求書の陰に隠していたんです。自分より請求書を大事なものとして、まずそれに支払う。そしてこのようなシルバーやアンティークなどの「金融商品」、即座に現金化しづらいものを購入し始めた時、それを「使う」のがずっと難しくなって、そしてこの「富のエナジー」がじわじわと人生に入り込んできたんです。今は自分の家を見渡して「うん、どれもこれもとても価値があるね」と思えるしね。

夫と僕はある日、あるご婦人のコレクションのオークションに出かけたんです。絵画やシルバー、宝石や家具など、彼女が生涯かけて集めてきたものをオークションに出していたの。僕たちはその品を見て「僕たちは 30 代半ばだけど、ずっといいものを持ってるぞ!」と思いましたね。ずっと価値がある。ジャッジメントじゃないけど、「うわあ、すごい速さで富を集めているぞ!」と思いましたよ。それは貯蓄やお金ではなく、僕たちにもたらされた歓びということ。これはまさに 10%アカウントから始まったんですよ。

自分で稼いだ 1 ドルでも入ってきたものは、自分に敬意を払うためにその 10%を取り分けて置く。ゴールドでもシルバーでも、価値が下がらないと分かっているものを買いたいのなら、素晴らしい。是非そうしましょう。もしくは僕よりももっと皆さんがきちんとしている人なら、別口座や引き出しなど好きなところに分けて置きましょう。お金の保管場所、そこにあなたはお金を持っているんです。僕には難しいところだったのでね。

**全くお金がない状態から、あなたがお金を持つようになるまでのお話は…
ポケットに小銭を入れて道端に車を乗り捨てるところから、自宅に 15 万ドルのシルバーを持つようになるまで… 「貧困に襲われた」日々はそれほど遠**

い昔というわけではないのですね。

　きちんと計算すれば、多分 4 年前なので、そこからこんな素敵な自分の家を見渡すようになるまでになるには 4 年かかりましたね。家があるだけでなく、まぁローンですが、僕たちには家と 2 台の車と、価値のあるアンティークの山、家のあちこちに宝石の原石の箱、シルバーやゴールドの束があるのは全く違う世界ですよ。

　借金から抜け出したいと思わせたものは何ですか？

　ある時こう思ったんですね。借金を抱えて、自分にお金を持つことを許さない、そうすることで自分は世界に向けて創り出せるものを、がっしりと制限しているんだなと。他の人たちをインスパイアするために僕にも起こせたはずの変化というのは、それはいい車や家、素敵なライフスタイルを持つことじゃなくて、そうするためのリソースがあれば、実際に世界に対して影響を起こし、変えられると気付いたという意味です。

　あなたがその変化を創り出すためのインスピレーションとなった人はいますか？

　シモーン！　あなたはこの変化を創り出すためのものすごいインスピレーションでしたよ。もう 10 年友達ですよね。あなたは人に対して「私のようにならせてあげる」や「私の方が上なの。面倒見てあげる」という上から目線のエナジーじゃないんですよね。そうではなく「私たちの王国」のエナジーから…それはみんなが手に入れて、みんなと、その人たちが創り出そうとしているものへの貢献になることについて、その気前の良さを見てきました。「サポート」という言葉は使いたくないんですが、あなたの行為を見ていると、お金はあなたにとって、単なる安っぽいモチベーションではないことがわかります。そう、楽しいから。でもあなたがお金でそうできていること、本当にインスパイアされますよ。

　僕はギャリー・ダグラスや、「お金とはこうあるものだ」と言われているよう

な形では機能していない他の人たちとも良い関係を築いています。映画やメディアなどで、この現実でお金とはこのようであるべきだ、と言われるような形がありますよね。「はあ、ああなりたいな!」と僕に言わせるような、お金にこれまでとは違う可能性を見ました。指に大きな指輪をつけることじゃなくてね。自分に何がクリエイトできるのかということで。

今あなたは実際にお金を持っていますよね。では今現在のあなたのお金に対するポイント・オブ・ビューはどんなものでしょう?

すぐにいくつか頭に浮かんできましたね。今お金とはただ楽しいもの。お金とは…うわあ、今こんな風に言ったら。これを聞いている人たちが「あぁ、そりゃあんたには簡単だろうね!」と言っているのが聞こえた感じがした!

思い出した。昔ヨガのクラスに行っていたんですよ。僕は全然体が柔かくないんですね。そこでヨガの先生のところに行って「この動きができないんです。こんな風に曲げられない」と言ったんです。すると彼女は「それは緊張よ。手放さないと」と言いました。もう僕は彼女の顔を殴ったり、彼女が着ていたライクラで首を絞めてやったりしたくなった… 変な想像させてしまってごめんなさいね。でも今お金とは何か… お金がある、お金がないという状況を創るのはただのポイント・オブ・ビュー、もしくは誰かと付き合いたいのに相手がいないというようなものだと気付きました。手に入れてしまえば「待てよ、これって自分の脳内で作ってきた不可能さやファンタジー、夢とは違うな」と気付きます。お金さえ手に入れれば、どんな問題にももう遭うこともなく、人生のどんな問題も無くなってしまうということじゃないですからね。

どんな場合でも、人生をもっと大きくしていこうとすれば、大きくなっていきますよ。オプションも、可能性も、ドアもあなたがそうしようとするなら開かれ、あなたがそう選択するなら成長します。今僕は、お金は決して答えではないのだと気付きました。お金がない人たち、借金を抱えている多くの人たちが「もしお金さえあれば、パートナーさえいれば、ただそれさえあれば…」と言っています。まるでそれが答えで、それが完璧な人生を創ってくれるかのように、手に入れたいもののリストを作ってきました。でも全然そういうことじゃないん

ですよ。お金はただの燃料。行きたいところに連れて行ってくれるツールでしかない。それが今の僕の見解です。そしてお金に対するポイント・オブ・ビューが少なくなればなるほど、お金を創ることがただ楽しく、楽になっていきます。

では、今のお金に対するポイント・オブ・ビューで、一番変化したことは他に何かありますか？　人々が変えられるエナジーはどんなものか、またはお金に対するポイント・オブ・ビューを変えるのに役立つツールはどんなものでしょう?

　恐らく僕からあげられる最高のアドバイスやツールは、本当に、問題はお金じゃないんだよということですね。問題を創っているのは、欠乏でもドラマでも何でも、あなたの人生にそんなものを創っているのは、決してお金じゃない。そんなものはそこら中にたくさんあります。あなたのお気に入りの映画、僕も好きですが、ロザリンド・ラッセルの「メイム叔母さん」の中のセリフのようなものですよ。「宇宙は宴会なの。でもそこで一番哀れな吸血鬼達が飢えて死んでいるわ」。

　ここがポイントです。ユニバースにあるお金は本当に有限なんかじゃない。僕はアンティークを扱っているのですが、アンティーク業界の人たちの多くは欠乏から動いているんですね。彼らにあるポイント・オブ・ビューは、この業種は死にかけている、人々はアンティークなど求めていない、などなど。

　僕はアンティーク家具、宝石、シルバー、絵画、陶器、アフリカンアートなど何でも扱っています。そして最初のチャンスがドアをノックした時に「あーあ。絶対つまんないだろうな」と思いました。それがどうです、退屈どころじゃないですよ！　この業界で、僕はたくさんの、特にオーストラリアのアンティークディーラーと取引しています。その多くは信じられないほどの欠乏感から機能しているんですね。資金が足りない、興味を持ってくれる人がいない、だんだんきつくなってきた、オークションハウスが小売業から引き抜いてしまい、希望の価格で得ることを難しくしているなど。これは全てポイント・オブ・ビューですよ。

もし自分の現状を変えるツールが欲しいのなら「あなたのポイント・オブ・ビューがあなたの現実を創ります。」自分に問いかけ、じっくり見つめてみることですね。「お金に関して自分のポイント・オブ・ビューはどんなものだろう?」お金に関わっている「自分」に対してはどんなポイント・オブ・ビューがある?

　このようなところに目を向け、自分に問いかけをランしていきましょう。アクセス・コンシャスネスには「お金になる方法」という素晴らしい本があります。変わっていなければ30ドルだったと思いますが、これは素晴らしいワークブックで、この本に投資するだけで、この本の中の問いかけをすれば、あなたの経済的現実全体を180度変えられます。絶対にお勧めですよ。本当に役に立ちますから。

何かしたい時、何かを手に入れたいのにお金が足りない時、あなたはどうしますか?　それを創り出すためにどんなツールを使いますか?　またはその状況にどのようにアプローチしますか?

　ああ、いい質問ですね。この質問が好きです。どれだけお金があってもなくても、いつでも問いかけはできるし、より多くを求められるからこの質問は好きです。だから借金があるとか、お金が足りないとかじゃなくてもいいんです。今の僕だったら、さっき話した22万ドルのテスラの購入を例にすると、実現させるには手品とかもう一回組み直すとか、僕の側で何かの創造とかが必要になるかもしれません。ですからそのために使うツールで言うと、これまでお金と経済に関して受け取った最高のアドバイスの一つは、自分の人生を営むためにどれだけかかるのかをとにかくはっきりさせることです。紙とペンを用意して腰かけ、出ていくもの：出費がいくらなのかを書き出します。家賃も携帯電話の請求も、「飲みに行きたい」といった出費もあります。基本的な必要経費だけでなく、実際の生活で使っているお金です。

　ビジネスを始めた時に一度これをやってみました。簿記担当に損益計算書を持ってきてもらって、彼女と額を突き合わせて目を通し、組織のお金がどうなっているのかを正確に把握しました。そしてこうすることが、会社の経済的な状況について信じられないほどのアウェアネスを創り出したんですね。では皆さんは、自分の経済的状況がどれだけクリアになっているでしょう?　僕は

営業とマーケティングについてのクラスをたくさん教えていて、ここコペンハーゲンでもシモーンと一緒にクラスをやりました。これは僕にとって素晴らしいギフトですが、クラスの中で僕がちょっとシェアしたアドバイスも同じように、人々のビジネスと人生が経済的にどんな状況にあるのかをクリアにさせてくれました。

　マーケティングにおいて、このような言い方があります。「私の広告の予算の半分が無駄になった。その理由がどうしてなのかわからない」人々の経済観念にも同じことが言えます。一か月に自分が実際どれだけ稼ぎ、どれだけ使っているか全く分からない人がどれだけいるかに驚かされます。僕がそこに至るためのお金を創り出したいとしたら、状況を把握し、自分が今どんな状況にあるか、そこに至るために何を創らなければならないのかを知るでしょう。A,b,c,dと直線的な手順で進むのではなく、「自分は今どこにいて、ターゲットは何だろう?」と知ることです。僕にはターゲットがある方がとても助かるんです。何かターゲットがあるとしましょう…もう一つ店舗を開くことなどは、自分のビジネスのために目を向けていることの一つです。それにいくらかかるのかを把握し、それが姿を現すように求め、そしてそれを実現させるエナジーに従っていきます。もう一度言いますが、それをどのようにしていくか、みんなが営業目標を達成するためにいくら稼がなければならないか、店舗を厳格に管理しなければならないか、というような直線的なステップではないんです。それよりも「オーケー、今アウェアネスがあったよ…　それを創り出すためには?」というような感じです。

**　クリストファー、あなたがどこで何をしているのかわかるように少し話してもらえますか?　「生きることの優雅さ」という素晴らしいクラスをしていますよね。**

　ええ、「生きることの優雅さ」というクラスをファシリテートしています。これは富と生き方の様々な面に関して教えているクラスで、僕はこれを「お金の罠にはまる」という言い方をしています。「罠にはまる」とは、普通はこう言う時に使わないのですが、ちょっと楽しい言い方だと思っています。更にアンティークやアートについて学んで、そしてどのように自分の人生、自分の富に加えていくかを学びます。僕はパートナーと一緒に始めました。僕たち

は部屋に置いてある小銭入れの瓶から 500 ドルを取り出してオークションに向かい、たくさんの品を購入し、それを売り始め、瓶から取り出した 500 ドル分の小銭が 3,000 ドルになり、3,000 ドルがすぐに 9,000 ドルになりました。始めた時はちっぽけなものだったのに、今それは巨大なものに成長しました。ですから僕は「生きることの優雅さ」のクラスでそれを教え、またセールス、マーケティングを教えています。教えるというより実際はファシリテートしていますね。僕のウェブサイトは www.theeleganceofliving.com と www.theantiqueguild.com.au です。こちらから僕に連絡したり、質問したりできるようになっています。

では、今日皆さんが自分の経済的現実を変え始めるために持ち帰れるような、他に紹介したいツール、問いかけのようなものはありますか?

多くの人がもし僕のような人だったとしたら、お金に関して避けている何かがある、またはお金について知ることを避けていることがあるのが問題だと思います。僕がそうだったので。もしこれにあなたが全く共感したら、自分に問いかけてください。「お金に関することで自分が避けていることは何だろう?」「お金に関する知識で、自分が避けていることは何だろう?」 何故なら僕が怖くて耳を塞ぎ、上手にダチョウの真似をしていた時はいつでも、お金に関して人生を制限したところだったからです。そんな時に問いかけ始めたのがこの「これについて何を避けているのだろう?」でした。僕が以前借金を抱えていた時、シモーン、あなたがこういうのを聞いて、そして他の人も同じことを言っていて、僕は腹を立てたものです。「お金を稼がないことの方が、お金を稼ぐよりももっと大変なのよ」と。そして僕もそうなったんですよ。自分でお金を「大変なこと」にしてしまうと、ただお皿に乗って目の前にあるものを明らかに僕は避けているのです! ですからお金を持ち、稼ぐことの何についてあなたは避けているのでしょう? 自分に問いかけてみてください。あなたが正しいのか、間違っているのかということではありません。ただ問いかけてください。あなたが今いるところは間違っていません。

チュティサー・ボウマンとスティーブ・ボウマンへのインタビュー

ジョイ・オブ・ビジネス　インターネットラジオ番組「借金から楽しく抜け出そう!　ゲスト：チュティサー・ボウマンとスティーブ・ボウマン」　2016年8月22日分より

　スティーブ、あなたはお金に関して子供の頃からどんな感じだったのか、ちょっとまとめを教えて欲しいのですが。あなたにとってお金とはどんなものでしたか？　お金のことを教育されましたか？　お金について教えられましたか？　お金は隠されたものだった？　無視されていた？　それともお金はとてもオープンに話せるものでしたか？

スティーブ：

　誰かにこのような質問をされたのは初めてですよ。それに答えるのも初めてです。母はシングルマザーで3人の子供を抱えていて、そして15-20年も私たちを追いかけ回す暴力的な父がいる環境で育ちました。お金は全くありませんでした。でもそれでポジティブになったりネガティブになったりはしませんでしたね。お金はジャッジメントでも可能性でもありませんでした。ただ、無かったのです。ですから今お金について考えると、お金に関して他の誰のポイント・オブ・ビューも全く知らずに育ちました。

　ですから私たちがそこに目を向け始めた時…　とても若い時から、チュティサーに出会う前ですら私にはいつもわかっていました。私たちは16歳の時に出会いました。初めてのボーイフレンド、ガールフレンドで、それから結婚して40年になります。ですからお金について私たちは、いつも異なるポイント・オブ・ビューを持っていました。私たちは他の人たちがお金についてどんなポイント・オブ・ビューを持っているのか知りませんでした。何故なら私たちはお金が無いところで育ち、いや、私は、かな？　お金についてのどんなポイント・オブ・ビューも持たずに育ってきたからです。ですから面白かったのは、お金に対するポイント・オブ・ビューがないまま育ってきたので、今お金に目を向けても、それを変えることは問題ないですね。

ポジティブでもネガティブでもお金についてのポイント・オブ・ビューがなかったのなら、問題なく買い物ができていたのでしょうか？　それとも「クリスマスか誕生日にね」と据え置かれたのか、それともキャッシュフローがあったのですか？

スティーブ：

　面白いのが、私の家族を見てみるとですね、例えば姉は、お金とは常に誰か他の人の問題であって、自分のものではないというポイント・オブ・ビューを鵜呑みにしていました。同じ家庭に育っても、いつも物事を違ったように見聞きするんですね。ですから問題は自分のポイント・オブ・ビューなのだと何年もかけて学んできました。他の誰のものでもないんです。ですから自分のパートナーや社会を責めることもできますが、それはただ、お金に関する自分のポイント・オブ・ビューを変えようとしない言い訳でしかありません。私たちが見つけたことは、例えば、私はお金がないところで育ちました。そしてチュティサーに出会って物事が変化し始めました。共に人生を創り始めたからです。それで例えば、私たちはアメリカに渡って暮らしていました。２年間いましたが、一日２ドルで生活していたんですよ。こういうディナーを何と呼ぶのかな？　ムービーディナー？　TVディナーですよ！　一晩２ドルのTVディナー。１年か１年半そんな暮らしをしていました。でも自分たちはお金を創れるとずっとわかっていていたのに、そんな状況に居続けていました。実際に自分たちはお金を創れるとわからせてくれたのは、ノウイング（内なる知性）です。ですからお金は入って来ませんでした。自分たちはお金を創り出せるという事実だけが入ってきていました。

　あなたがチュティサーに出会った時、自分には創り出せるというアウェアネスがあったと言いました。創造がどんなものかについてポイント・オブ・ビューを持たない人が近くにいてそれを感知したのですか？　それとも創造的な相手と一緒にいるのはどんな感じだったのでしょう？

スティーブ：

　また聞かれたことのない質問だね！　いつも創造的な人と一緒にいることの素晴らしい点は…　行動が創造的なのではなく、彼女は本当に「創造」そ

のものですから… あなたや私の中にある創造性を引き出してくれるんです。
彼女は私の創造性を引き出してくれました。こうして私たちは、どんな人生に
なって欲しいのかというところからいつも人生を創ってきました。そこで面白
いのは、その中にお金も含まれていたことです。今言えるのは、誰もが自分
の人生にもたらせる最大のギフトで、そしてこの数年私たちが学んできたこと
の一つ、それは遅すぎることなどないということです。人生を創り出すのに遅
すぎることなどなく、変化を創り出すのに遅すぎることなどなく、あなたの経
済的現実を創り出すのに遅すぎることなどないということです。私たちは毎年、
他には何が変えられる？ 他には何が変えられる？ 他には何が変えられる？
と目を向けています。3週間前でさえ、様々な方法で経済的現実を完全に変
えてしまいました。ですからその中でカギとなるのは、お金はこうあるべきで
あった、こうあるべきではなかったというポイント・オブ・ビューをもし私たち
が持っていたら、それを変えられなかっただろうということです。お金について、
借金についてのポイント・オブ・ビューがどんなものであってもそこに目を向
け、そしてそれを変える意思を持てば、どんなことでも変えられることがわか
りました。私たちは毎年ポイント・オブ・ビューを見つけ出しています。一回
限りではありません。いつでもできます。

　私がロンドンに住んでいた時本当にお金がなくて、インスタントヌードルで
創れるレシピを最低でも 50 は持っていたことを思い出しました。自分が貧し
いというポイント・オブ・ビューがありませんでした。何かが欠けているという
ポイント・オブ・ビューもありませんでした。ただ多くの食材、高価な食材に
お金を使わなければ、旅行にもっとお金を回せると気付きを持つ意欲だけが
ありました。その当時は旅行が何よりも最優先だったからです。そこで質問で
すが、TV ディナーで一日 2 ドルの生活をしていた時、どんな心情だったのでしょ
う？ どんなポイント・オブ・ビューを持っていたのでしょう？

スティーブ：
　私たちのポイント・オブ・ビューは、より多くを実際に創り出すために、必
要ならば何でもするというものでした。私がワシントン DC で二つの修士課程
に取り組んでいた時、チュティサーはニューヨークシティで話題になるような、
とても成功したファッションデザインのビジネスをゼロから創りあげていまし

た。その一方で私たちは一日2ドルのTVディナーで暮らしていました。それは自分たちを貧乏だと思ったことがなく、そうすることが創造するのだとただわかっていたからです。創造しなければなりませんでした。そして私たちがそこにいた2年の間に、彼女は全く素晴らしい働きをしていたんですよ。彼女は創造のために一日23時間働き、実際にとても成功したファッションデザインビジネスを創り出しました。これは知られていないことですがね。それと同時に私は二つの修士課程に取り組んでいて、これもまた知られていないことですが、これが私たちの人生を創り出すための選択方法だということ以外は考えていませんでした。

チュティサー、あなたはお金に関してどのように育ってきたのですか？ お金のことを教育されましたか？ お金については教えられたり、無視されたり、それについて話すことを許されなかったりしましたか？ 家庭での一般的な雰囲気はどんなものだったのでしょう？ あなたはタイで育ったのですよね？

チュティサー：

　はい。私はいわゆる生粋の貴族の一員として育ちました。ですからお金について話すことは自慢している、または不快だということを意味します。ですからお金のことをとやかく話すべきではありませんでした。でも私の父は家族の中でいわゆる「はみ出し者」だったので、貴族としてするべきではないと言われていることを何でもやって、ひどく批判されました。彼は自分を起業家だと思っていましたが、6-70年前の当時、起業家なんてものはなかったのです。こうして彼は危なっかしい、危険を冒す者だ、お金を使ってとんでもないことをしていると批判されました。そして彼と、もちろん家族に対して投げかけられたジャッジメントを自分も経験しました。何故なら働いていいお金を稼ぎ、正しいことをするべきだと信じる社会に反し、文化に反することをしていた父がいたからです。でも父はそれほど成功しなかったビジネスを創り出そうとしていました。ですからお金に関してはそのような考えがありました。お金を持っていたのに、お金への不安はとても大きいものでした。

あなたがいう「とんでもないこと」とは、それが他の人とは違っているからというただのジャッジメントですか？ あなたが育った中で学んだことで、彼は

どんなことに巻き込まれたのでしょう?

チュティサー:

　父は大きなビジョンを持った人でした。小売りビジネスをしたい人がいたなら、父はモール全体を立てることに目を向けたでしょう。他の人が何か、例えば駐車場を作ることを考えているとしたら、彼は空港を作ったでしょう。彼はこんな感じでした。こういうことに投資させる能力が父にはありました。そして私は二つのことに気付きました。一つはお金のことを話し、人々に寄付を促す能力、投資ですね。でも私たちは同時に生成する能力を持たなくてはなりません。実行するのも同様です。実現させなければなりません。成功するために、彼にはそこを経験する必要があったような気がします。

　スティーブが、素敵な奥さんのお父様について、彼がどんなだったかについて何か追加したいものがあるようですね。スティーブ?

スティーブ:

　ええ、興味深いですね。自分の現実に合わないから、貴族の現実に合わないとからという理由で批判する人が非常にたくさんいるというのは。義父は家族のほとんどから酷く批判を受けていました。でも彼のお葬式には… 彼が亡くなった時、偶然タイにいたのですが… 政府高官が数人ひっそりと来ていました。義父は彼らと共に創り、そして同時に彼らをかばってもいたので、敬意を示すために彼らは葬儀に参列していたんです。義父は秘話の中でのみ知られる人だったのです。義父は家族によって酷く批判されていたので、ここ10-15年ですね、彼は恐らく私たちが知らないところで、そこに実際に大きな変化を創造したのかもしれないというアウェアネスがありました。そこで私たちが言いたいのは、ジャッジメントは全ての可能性を殺してしまうということです。

チュティサー:

　そして私にとってそのジャッジメントは本当に真実です。アクセス・コンシャスネスの創始者、ギャリー・ダグラスが、私の注意深く、お金のリスクを絶対に冒さないというところに目を向けるようにファシリテートするまでそうでは

なかったからです。そこで私は父がリスクを冒す人で、お金にもそれほど注意深くなかったという事実との繋がりに目を向けました。だから広大で巨大なものは全て、私が選ぶものの逆だろう、と。広大で巨大なものは、どんなものでも私は絶対に選びませんでした。ギャリーが、それはリスクを冒すことではないと私に実際に示してくれるまで、お金の責任は取らないという部分とつながっていたからです。そして私のユニバースの全てが変わりました。私は今、もっと大きなプロジェクトにも目を向ける意欲があります。

あなたがリスクを冒す人ではないというのは興味深いですね、チュティサー。今スティーブが話してくれた、二人がニューヨークで一日2ドルのTVディナーの暮らしをしていて、あなたはほとんどゼロから大きなファッションブランドを立ち上げたという話に目を向けると、それはかなりのリスクに思えるのですが。それはどのように見ているのですか?

チュティサー:

　お金に関してリスクを冒すことですよ。特に他の誰かのお金のことです。他の人のお金では絶対にリスクを冒そうとは思いません。今あなたと話していて、自分のお金にはリスクを冒しますが、他の人のお金にはリスクを冒さないことに気付きました。それはジャッジメントにつながります…　あなたは偉大な起業家で、そこで大きな成功を収めたいのなら、他の人のお金を使えるようでなければならないのですよね?　もしあなたが他の人のお金にリスクを冒せないのなら、常にお金に注意深くならなければならないでしょう。そうしたらあなたはいつも自分を小さくしておくでしょう。

（他の人のお金にリスクを冒すことに関して）どのようなアドバイスがありますか?　そこに他にはどんな情報がありますか?

スティーブ:

　ここでの話の前提の一つは、どのように借金から抜け出すか、歓びを持って楽しく、ということです。そして一つ思い出したのは、私たちのビジネスには投資家がいて、そのビジネスを畳むと決めたので、そうする必要がなかったにも関わらず投資家に全て返したことです。そこに隠されているものは、私

たちはどんなことにもリスクを冒すことを厭わないということです。チュティサーと私は、どんなことにもリスクを冒すことを厭いません。でも私たちは他の人のものなら、どんなものでもリスクを冒そうとはしません。まだ制限がありますね。正しい、間違っているということではなく、ただ制限なだけです。でも私たちはまた、「気にしない人達」も見てきました。他の人が与えてくれたものも、それで何をするかもどうでもいいのです。これらは全て、他の人があなたのビジネスに投資する意欲を持っている時に気付きを持ち、よい結果を出すことに気付き、そうさせる意欲を持つことだと思います。ただそれが私たちのポイント・オブ・ビューであるという意味ですよ。ですから自分はどこからでも絶えずお金を創り出せるとわかっていれば、楽になります。実際に私たちはそうしていますしね。そうわかっていたら、どうして借金など抱えられるでしょう?

どこからでも絶えずお金を創り出せる、ここをもう少し詳しく話してもらえますか?

スティーブ:

　ええ、実際に富を創り出すためのたくさんの方法があります。これはまた別の話ですが… 富とお金持ちとの違いです。人生で私たちが学んだことはですね、ほんの数週間前でさえ、そう、いつだって驚きの瞬間があるんですよ。忘れないで、遅すぎるなんてことはない! どこからでもお金を創り出すということは、そこにたくさんのお金があり、たくさんの可能性があるという見方の一つでしかありません。お金も可能性も「こっちを見てよ!」とこちらに向かって叫んでいるのに、ほとんどの場合、そこに目を向けることを拒否しています。5年、10年、15年もの間、私たちが目を向けることを拒否してきて、そして今実行していることが人生にはたくさんあると気付いたんです。そしてその今していることですがね、自分たちのポイント・オブ・ビューを乗り越えた途端、突然ビジネスが成長したんですよ。私はとても大きなコンサルタント業を営んでいます。アドバイスするビジネスです。私は「自分は貴重な商品だ」というポイント・オブ・ビューを持っていました。いいですか? そこには二つの間違いがありました。一つは「貴重だ」というところです。二つ目は「商品」です。そこでチュティサーと私はすぐにそこを突き詰めていき、こう言い

ました。「では、この特定のビジネスにおいて、私が『貴重な商品』ではなく
なる、これまでとはちがうやり方でビジネスを創り出すとしたら？　それはどん
なものだろう？」　そしてまだ自分が好きなことは続けています。それから別の
ビジネスを創りました。今番組に出ています。他のこともしています。他の人
たちにも関わってもらってきました。自分には十分なスタッフがいるというポイ
ント・オブ・ビューを乗り超えた時、ある時は 300 人のスタッフがいました。
十分です。もうスタッフは要らないというポイント・オブ・ビューを乗り超えると、
ビジネスはまた成長しました。スタッフが必要だというポイント・オブ・ビュー
を乗り超えた時、ビジネスはまた成長しました。

**ではここでベースになっているのは、自分のポイント・オブ・ビューを乗り
超えるということですね？**

スティーブ：
　そこが出発点です。

あなたが創り出しているものを、どこで見つけられますか？

スティーブ：
　いろいろとあります。www.consciousgovernance.com というウェブサイト
があります。もう一つは www.befrabjous.com　といって、たくさんの素晴ら
しいものを集めたブログサイトです。

　frabjous という言葉は、「アリス・イン・ワンダーランド」から来ています。
ルイス・キャロルはこれを「信じられないほど楽しい」という意味だと言っ
ています。ですからそうなってください！　そこにはチュティサーが書いた素
晴らしいものもいくつかあります。また、luxproject.com. というものもありま
す。更に nomorebusinessasusual.com や strategicawareness.com もあります。
時間があったら、チュティサー・ボウマンをグーグル検索してください。これ
らのウェブサイトを全て見つけられます。そしてスティーブ・ボウマンを検索
するよりもずっと楽に見つけられますので。

スティーブ、あなたはお金について、いまだに自分自身をどのように教育しているかについて触れました。また富とお金持ちの違いについても触れました。その違いについて話してもらえますか？

スティーブ：

　私たちにとっては、どんなものに対しても、既に持っているポイント・オブ・ビューに絶えず目を向けることですね。私は何年もの間、ある程度自分たちに機能するポイント・オブ・ビューを持っていました。それは私たちのコンサルティングビジネスが提供してくれるキャッシュフローがあり、そのキャッシュフローがあるから他のタイプの投資を生み出し、創り出せていたというものです。これはつい 3-4 週間前に気付いたのですが、残念ながらそのポイント・オブ・ビューがあるせいで、その他の富の生成的な源に目を向けることを止めていたのです。私はそのキャッシュフローにばかり注目していましたので。そして 3-4 年の間、私はそのキャッシュフローは正しいと確信していました。すぐにチュティサーと話しました。「もしキャッシュフローだけでなく、もっと富を得られるものがあったとしたら？　もしそのキャッシュフローに別の見方があったとしたら？　それがキャッシュフローだと決める必要がないキャッシュフローを得られるように、キャッシュフローではないやり方でキャッシュフローが創られるものがあったとしたら？」　こうしてその 3 週間前のこの瞬間から全く変わってしまい、私たちはもう既に、これまでとは違うお金の流れを創り出し始めている、新しいビジネスを二つ創り出しました。もう今はそれをキャッシュフローとは呼んでいないからです。

キャッシュフロー、お金持ちと富の違いを今どのように説明しますか？

スティーブ：

　とにかくそれは全てポイント・オブ・ビューです。私たちにとっての「富」とは、瞬時のもので、いつでも変化するもの、その創造から創り出し、生み出す意欲のことです。ちょっとチュティサーに話してもらいましょうか。富に関することなら、彼女はとても博識なので。キャッシュフローはとても魅力的なものですが、同時に創造的なゲームから目をそらしがちにさせてしまいます。ええ、大事なことですが、それがゲームの終わりではありません。自分はキャッシュ

フローがゲームの終わりだと勘違いしていたのだと思います。

チュティサー、富、お金持ちとキャッシュフローの違いをどのように見ていますか?

チュティサー：
　そうですね、「キャッシュフロー」という言葉自体、私にとってはいつも何か落ち着かないエナジーがありました。さっきスティーブが言ったように、3週間前にスティーブに「キャッシュフローってほとんど選択肢を創らないわね。あなたが仕事を辞めたり、これら全てを止めたりしたら、あなたがお金の流れを止めてしまうことになる。では創造的、生成的な収入、生成的な収益として資産を築くことに目を向けたとしたらどんな感じかしら?」と言うまではそうでした。そして生成的収益と言ったら、より多くの収益をシンプルに生み出し続けますよね?　ですから「キャッシュフロー」とは別なエナジーなのです。というのは、キャッシュフローというものが、私には直線的なものとつながるからです。私たちは「ベビーブーマー」です。この世代の多くは、同僚も定年で引退していきます。スティーブはよく「僕は引退しないよ。永遠に働き続けるんだ」と言っています。感じますか?　彼は既に永遠に働くという設定をしてしまっていますよね?　そこで私は「それは『自分たちが働く選択をし、世界を永遠により良い場所にするための貢献となる、たくさんの生成的な富を持っている』とまた違った選択よ。『キャッシュフローを得られるように永遠に働く』とは違うのよ。」と言いました。

　キャッシュフロー…　「キャッシュフローを持たなくちゃ」そこにそれほど選択肢はありません。でも生成的な富があれば、それ自体が生み出し続けます。

スティーブ：
　ここの最大の鍵の一つは、これら全ての可能性の中で自分自身を教育することですね。今私が「これらの可能性の中で自分自身を教育する」と言ったとたん、「うわぁ」という声が人々のユニバースの中で響いたのが聞こえました。教育と言っても、グーグルを見たり、やり方をYoutubeで検索したりするほど簡単なものです。「富って何?」「お金持ちはどのようにお金持ちになるんだろ

う?」のようなものを検索し、それを自分のポイント・オブ・ビューを通して読み、実際にその中で自分の納得できるものを一つ二つ選んでも、それも教育です。少なくともそこが始まりだからです。3週間前、私たちはこれまで考慮したことがなかった富の分野があるのを見つけましたが、その富はずっと前からそこにあり、私たちに向かって叫び続けていたのに、その富に目を向けることを私達が拒否していたのです。そしてそれが何であるかに気付いてからすぐ、私たちは行動に移したところ突然、ずっとこれまでできたはずなのに、全く考えもしていなかった分野で一日に1000ドル、2000ドルと稼いでいます。他に私たちがしていることの、何よりもこれはずば抜けています。

　　チュティサー、お金について自分を教育すること全体について、あなたはどんなものを追加してきたのですか？　人々が自分を教育し始めるために、どんなことを提案しますか？

チュティサー：
　鍵となる問いかけは、「自分自身を教育する」という言葉を聞いた時、それは財務計画の初歩のようなものを始めたり、会計士の資格を取ったりするというものではないということだと思います。それよりも自分にとって楽しいものを一つ見つけ、その特定の事柄について可能な限り学ぶことです。宝石について話しました。もし好きなら、宝石についてあらゆることを学んでください。アンティークやゴールド、シルバーかもしれません。自分にとって楽しいことを一つ始め、できるだけそれについて学び、ここからお金を稼ぐには?と問いかけしましょう。売買もできるし、デザインもできます。どんなことでもできます。あなたの胸が高鳴るもの一つと共にあり、ただそれに向かって学ぶことは、大きな経済的なトレーニングとなり得ます。自分自身を教育し、そこにどんどん追加していってください。追加し続けてください。

　　実際の借金と、「借金」「借金状態」について多くの人が持っているジャッジメントの誤解を解くこととの違いをどのように見ているのか、お話してもらえますか？

チュティサー：

　悪い借金と呼ばれるのは、銀行から借りたお金のように自分のものではないお金を使い、日用品を購入し、そしてその品物は実際にあなたのためにチャンスを広げたり、お金を増やしたりしないことです。例えば金利 5％の金利で銀行から融資を受け、そのお金の 20-25％を生み出すためにお金を使えば、良い借金を創れます。これは借金を使うましな方法です。いい借金ですね。

スティーブ：

　借金と言うものは常に、あなたが他人のお金を使う場合、まあそれが借金の定義ですが、あなたに収益を創り出してくれる資産を創り出すためなら、それをどうして借金と呼ぶのでしょう。あなたが借金を使う場合、他の人から借りたお金ですね、それで何か消費を創り出し、あなたにお金を創ってくれる資産でもない、だとしたらそれは避けたい借金です。繰り返しますが、消費すること、他の人のお金を使うことは全て避けましょう。でも資産を創り、そこから新しくお金を創り出すために他の人のお金を使える方向に目を向けましょう。

　これを読んでいる人たちは「自分にどう当てはめられるかしら？　奨学金の返済もあるし、他にもいろいろ借金があるんだけど」と思っているでしょう。どんなことを勧めますか？　人々がそこを変化させ、これが自分の人生なんだ、変えられることは何もないと思ってしまう怯えから抜け出すきっかけとなるとんなどんな問いかけ、基本のツールがあるでしょう？

スティーブ：

　このどんなことにも始めるのに遅すぎることはありません。あなたが20,30,40,50,60,70,80 歳だとしても、遅すぎることはありません。関係ありません。あなたが変わる度に、それがあなたの人生も変えるからです。ですからここで実用的なアドバイスをいくつか。経済的なアドバイスではありませんがね。ただの実用的なアドバイスです。あなたが消費に目を向けた時の、「消費による借金」の額を減らせるやり方を見てみることです。自分のクレジットカードを、収益を創る資産を実際に購入する手段として見てみましょう。さて、収益を創り出すこの資産とはどんなものでしょう？　「収益を創り出す資産はど

こにある?」をグーグル検索して、自分を本当に楽しませてくれるものに目を向けます。そして他で自分が創り出しているお金の一部をどのように使えるかに目を向けます。それからこれらの資産を生み出すために。それが月に1,000ドルだったとしても、500ドルだったとしても。月に500ドルすらやっていない人よりはましです。こうしてあなたは始めます。始めるのです。始めることによって始める、これがまさに最善の方法なのです。

シルバーのスプーンを例に挙げるのはとてもいいと思います。シルバーのスプーンを買いたいのなら、シルバーの価格がいくらなのかについて自分を教育しましょう。相場より安く購入しましょう。そうすれば、もしそうしたいのなら、いつでもシルバーのスプーンは換金できるし、支払った額よりも多くのお金を得るでしょう。

数十年に渡り私たちを本当に驚かせたことの一つは、何かについて自分を教育すれば、その辺の人よりも99.99%ももっとよくわかるようになるということです。人は自分が知っていることだけを知っています。そしてあなたが何かについて少しでも知識を持っていれば、他の人たちが見ようとしないものにある価値をすぐに見出せるでしょう。ではシルバーのスプーンを使いましょう。シルバーについて少し調べましょう。意識を向けましょう。30分だけYoutubeで「シルバーにどのように価値を見出すのか」について無料のコースを受けます。それから「どこでシルバーのスプーンを買えるか?」について検索します。あなたは換金価格より安くシルバーのスプーンを購入します。それからまた「どこでシルバーを換金できる?」を検索します。換金します。こうして以前よりも20%多く稼ぎました。これを週に3回やったとしたら… 想像してみてください!

「あぁそのきれいなシルバーを換金しないで」と思ってしまったのですが、これは悪いことでしょうか? スティーブ、私がお金を出すからそれを換金しないで、と。いつでもどこかに顧客はいますよ!
これまでにあなたが利益について話しているのをたくさん聞いてきました。利益を最大化させることについて。

スティーブ：

　ええ、常にある問題です。何かから20％を得ることよりも、何も得ない方を選ぶ人が多いことがわかりました。そしてもし何かから利益を最大限に得たいというポイント・オブ・ビューをあなたが持っているとしたら、まず得られないでしょう。それが何であったとしても、最高額で、最高のタイミングで売ることを求めているからです。もし初めてそれに触れた時よりも、25％余計に創り出したことを知り、十分にご機嫌だったとしたら？　そして絶えず繰り返しそうしたとしたら？　一年間にどれだけ生み出せると思いますか？　あなたが触れたものが全て25％上乗せした価格で販売できたとしたら？　300％でも500％でもなく、25％乗せたとしたら？　多くの人は25％乗せたものを年に10回売るよりも、倍になるまで3年待つ方を選びます。

スティーブ、他に皆にお勧めしたいことはありますか？

スティーブ：

　これを聴き、読んでいる皆さんに、そこから抜け出し、富を生み出し、創り出すことに関して、そこで自由に手に入るものを見渡すようにお勧めしたいのです。そして一つだけ選んでください。一つ選べば、あなたは人口の99％よりも先を行っていることになります。そしてこれが借金から抜け出す最大のギフトの一つ、あなたのポイント・オブ・ビューを変えることです。これが借金から抜け出すことについての全てです。もし借金から抜け出すことではなく、資産を生み出すことだったとしたら？

チュティサー、付け加えたいことはありますか？

チュティサー：

　あなたの収益や収入から何パーセントか取り分けておきましょう。どれほどわずかな額だったとしても、それは蓄積されます。そしてあなたにより多くの収入、より多くの収益を生み出す資産を買うためにそのお金を使いましょう。小額から始めて、貯めておきましょう。お金を取り分けておき、生成的資産を買うためだけにそのお金を使いましょう。シルバーのスプーンが好きなら、お金を分けておいて、シルバーのスプーンが一つ買えるようになった時に、

シルバーのスプーンを一つ購入します。するとそれがあなたと人生のために
もっと生成的になってくれるでしょう。

ブレンドン・ワットへのインタビュー

ジョイ・オブ・ビジネス　インターネットラジオ番組「借金から楽しく抜け出そう！　ゲスト：ブレンドン・ワット」2016 年 8 月 29 日分より

子供の頃からお金とはどんな感じでしたか？　お金と家族との生活はどのようなものでしたか？　お金について話し合った方ですか？　話さない方？　お金とは表に出さないものだった？　オープンだった？　お金はあった方ですか？　それともなかった？　あなたにとってお金とはどんなものだった？

　子供の頃両親に「これはいくらしたの？」と質問すると「お前には関係ないよ」と言われたのを覚えているね。そして僕が「これはいくらしたんだろう？」と。お金に関することを僕が質問すると、両親の答えはいつも「お前には関係ないよ。知らなくてもいいことだ」だったんだ。だから子供の頃、お金とは避けるもの、存在しないものだと思っていた。そして大人になってすぐの頃、頻繁にそう思っていた。電力会社や電話会社などから請求書が郵送されても、それを開封しなかったのを覚えている。開封しなければ、それに支払わなければならないことが見えないだろうと思ったから。こんな風にただ避けていたね。または知らない番号から電話がかかってきてもそれに出なければ、お金は借りていない、そんなこと身に覚えがないから。だからただずっと避けていたんだけど、ある時自分はこんなに債務がある、こんなに借金があると気付いて、それがそこにちゃんと目を向けなければならない時だったんだ。

そうすることで何を創り出したのかについて話してもらえます？　その時は気付いていなかったどんなことに今気付いたのかしら？

　友人と家をシェアしていた時のことを覚えているね。その時彼は家にいなくて、電気代の請求書が来ていたはずなんだけど、僕は例のごとく郵便物を開封しなかったから電気が切られちゃったんだ。そこで僕は外にある電源から電線をつないだ。ブロックの家だったので、家とは関係ない外部電源があったんだ。コードを家まで引き込んで全部つないだ。それが問題だとは思わな

くて、ただ「やった! 電気が戻ったぞ」と思っただけ。そして友人が旅行から帰ってきて、僕を見て「お前何やってんの?」と言うので「電気が切られちゃったんだけど、電気代を払うお金がなかったんだよ」と答えた。こうすることが全く普通のことだと思っていたんだよね。僕は貧しい家庭に育って、貧困は僕にとってリアルなものだった。それは間違った行為じゃなく、正しいことでも間違ったことでもなく、ただ「お金がない、じゃあ他には何をしようか?

　そうだ、外の電源からコードで引き込もう」　僕にとってはそんな感じだった。

じゃあ、本当にクリエイティブになったのね。

　そうだよ。電気が必要だったしね。冷蔵庫を冷やして、灯りを点けておく手段が必要だったのでね。ただそれだけ。自分に借金があることすら気付いていなくて…お金について教えられて来なかったから。借金は自分の問題ですらなかったよ。ただ「お金がない」これだけ。でも覚えているのは、シモーンと僕が一緒に手に入れた最初の家に引っ越した時、ある日二人で話していて「そう言えば20万ドルくらいの税金の負債があったな」と切り出したよね。シモーンは「何ですって?　そんなに高額なの?」と言ったんだけど、それでも僕は「そう?　負債があるってそんなに大変なこと?」という態度だった。繰り返すけど、僕は借金は良くないものだとわかっていなかった。それはただのお金で、お金には何の意味もない。お金について何の教育もされてこなかったので、お金に対する敬意がなかった。

**　ええ、あなたとその話をしたことを覚えているわ。「一緒に家を購入して、一緒に暮らしているのに、そういうことってこうする前に話しておくべきことじゃない?　そんなに借金があるなんて?」と私が言うとあなたはただ「そう?」　真剣に受け止めていなくて。それで笑っちゃったわよね。**

　そう、でもお金ってそういうものだったんだよ。「ああ、忘れてたよ」というように。お金を避けることはしっかり学んだので、普通の人には出来ないような能力でもって、自分をお金から遠ざけていた。僕はお金を避けるのが上手だったよ!

あなたが子供の頃から、周りの人たちはお金のことで争っていたってちょっと前に言っていたわね。あなたはお金を欲しいと思ったことがなくて、お金に関わることは何もしたくなかった、それはあなたがお金をある程度まで虐待や暴力と同等だと見なしていたからだと話していたのを覚えているんだけど、そのことについてちょっと話してもらえる？

　そうなんだよ。そんな人たちをたくさん見てきたよ。例えば人間関係。虐待的な関係の中で育つと、虐待的な関係を作って「自分の両親よりもうまくできるかな」と考えながらやってみたりするんだ。じゃあお金を例にすると、両親のケンカの原因がお金だったとしたら、それを手に入れたいと思う？　僕は両親をハッピーにしようと全力を尽くして来たんだ。彼らをハッピーにしてあげるにはどんなことができるだろう？といつも問いかけていた。そして両親はいつもお金のことでケンカしていたので、彼らをハッピーにするためにお金というチョイスは絶対にない。でもそれは頭で認識していたことじゃなかった。「もしお金ってこういう感じがするものだとしたら、こんなものどうして手に入れたいと思う？」と、どこかで自分で線引きをして決めてしまったものだった。

　幸福についても触れましたね。子供の頃から、幸福はお金と同等、お金は幸福と同等だったのかしら？　それとも関連がないもの？　どう機能していたの？

　そうだね、僕にとって幸福とお金は何の関係もなかった。僕の幸福の定義の仕方は、自分自身であること、または自分をハッピーにしてくれる何かをすることだった。お金をベースにして人生をクリエイトしている子供なんている？　お金をベースにして幸福をクリエイトしている子供を？　「今日10ドル稼いだからハッピーだ」なんて子供は言わないよね。「今日はとても楽しかった、だからハッピーだ」と言うでしょう。でも大人は「今日は一銭も稼げなかったから俺はバカ者だ」や「最悪の日だった」などと言うでしょう。「お金のせいでハッピーになれない」と。こうしてお金と幸福を同等だと決めてしまっている人がどれだけいる？　そうじゃないのに。自分もそうだと思っていたという意味ね。繰り返すけど、大人になったばかりの頃は「もしもっと稼げたら、もっとハッピーになれるのに」と思っていたけど、お金を稼ぎ始めたら、それ

は関係ないことがわかったんだ。幸福は自分で選択しなきゃならないもので、お金とは全然関係がない。

人生の中で、アウェアネスが始まったと言える瞬間があったの?

それは君と出会い、ギャリーやデーン、今いるたくさんの親しい友人と出会った時かな。この人たちの多くはたくさんお金をクリエイトしていて、でもそれが今の彼ら、今の僕に幸福を創り出しているんじゃなくて、もっとたくさんの選択肢を与えてくれている。僕たちを例に挙げれば、僕はビジネスクラスで旅行するのも、いい服を着るのも、美味しいものを食べるのも大好き、こういうものが僕も体もハッピーにしてくれるから。でもこういうものを手に入れるために、しなければならないのは選択なんだ。今手元に 1,000 ドルあるからもっとハッピーになるかというとそういうことじゃない。君が今僕に 1,000 ドルくれたとしても、それが幸福をクリエイトするわけじゃない。「うわあ、今 1,000 ドル手に入れたぞ、やった!」これはクリエイトするけどね。

選択について触れましたね。お金がより多くの選択肢を与えると。それはエコノミークラスに乗り、ビジネスクラスに乗ること? それとも…

君をもっとハッピーにしてくれるものって何? エコノミー? それともビジネス?

あなたの体をもっとハッピーにしてくれるものは何かしら? 明らかにビジネスクラスかファーストクラスよね!

プライベートジェットもね。

そう、プライベートジェットも。ここ数か月、何度かプライベートジェットで旅行したわね。とても楽しかった。それで今は選択について話しているんだけど。子供の頃お金に選択肢を実際に感じていた? それとも選択肢がないと感じていた? あなたにとってどんなものだった?

何よりもまず。選択が何なのかが分かっていなかった。選択は僕にとって、子供の時に他の人が選んでいるのを見ては「ふーん、これを選ぶべきなのかな？　これを選ぶべきなのかな？　これを選ぶべきなのかな？」と思うものであって、「自分には何が選べて、今ここでどんな選択肢があるのだろう？」というものじゃなかった、全然。他の誰かのために、そうでなければ他の誰かに反するために何が選べるか、でしかなかった。だから選択について学んだことは恐らく、お金についてこれまでとは違う現実を創り出せるようになるための、まず最初のステップだったのかもしれない。借金についても同じこと。借金に目を向けて「ふーん、借金があるんだ。無くならないな」と思っていたね。だから3-40年もの間、借金から逃げ回っていた。もう借金は玄関まで来てしまった。ノックしているよ。まだノックし続けている。まだ。僕はドアを開けて、借金と対峙しなくちゃならない。とうとうそうしたよ。たった2年前にね。本当に2年前、自分にはどれほど借金が溜まっているのかがわかってきたんだ。「わかった。ではこれから逃れるために、どんな選択をしなければならないだろう？」

　初めて自分の経済的部分に目を向けて、それを違うものにしなければならないのは自分なんだと分かった時はどんな感じだった？　何らかの選択しなければならないのは自分だと分かった時は？

　僕は「お前がいるのはここだ」と分からせてくれるいい友人に囲まれて幸運だったよ。でもまた、お金を持っている人に囲まれてもいたから、自分自身を教育もした。「ここから何かを得るとしたら…？」と考え、最初に浮かんだのは「お金について自分自身を教育する必要がある」だった。それは僕にとって、お金に関する知識のある人たちと時間を過ごすことだったんだ。経済に関する番組を見ることでもいいし。実際にお金に関する教育ができる人たちや、お金のことを教育されている人たちの本を読むことでもいい。それが自分自身を教育することであって、そこからここに注目する「もし借金から抜け出す必要があるなら、これこれ、このようにしなければならない。自分の選択は何だろう？　ここでは何を選択しなければならないだろう？」。そして「自分が軽く感じるものは？」そこに向かう。僕はこうして来て、全く風向きが変わったのは数年前だね。今はもう借金はないという意味だよ。住宅ロー

ンと、僕にお金を作ってくれるものを除いては。

　最初に経理担当のところに行かなければならなかった頃と、今との違いについて話してくれるかしら。以前は経理と話した後はいつも気分が良くなかったけれど、今は経理担当と財務の会議や税金対策会議をするのが大好きよね。創造の中で、それはどのような違いなのでしょう？

　うん、その違いはお金を避けなくなったことだね。もし借金やお金を避ける必要があるというポイント・オブ・ビューがあったら、どうやって経理と話せる？　お金なんて最低というポイント・オブ・ビューがあったら、経理と話すのは楽じゃないし。僕はお金に持っていたポイント・オブ・ビューを乗り越えて、変えたんだ。今は経理と話す時は「今僕たちはどんなことをしているのだろう？　これで何ができる？　これで何ができる？　どうやって実現できるかな？　ここでどうやって税金を節約できるかな？」といった感じ。ただ心が躍るような感じ。創造はもっとたくさんの借金を創ることじゃなくて、心がわくわくすることだから。未来と富をクリエイトすることだから。

　ではブレンドン、どのようにポイント・オブ・ビューを変えたの？　例えば、ツールや問いかけを 3 つ紹介してもらえますか？

　第一位のツールは 10％アカウント。ダントツの第一位。これが出来たら借金から抜け出せるよ。そしてその理由はね…　自分が稼ぐ額がいくらであっても、その 10％をすぐに取り分けておく。例えば週に 1,000 ドル稼いだら、請求書に支払う前に 100 ドルを別の口座に入れるか、引き出しやどこか安全なところに現金で保管しておいて、絶対に触らない。週に 1,000 ドル稼いだら、その 100 ドルは 3 年間でいくらになる？　15,600 ドルになる。別の口座にその 15,600 ドルを入れて置いたら、お金がある感じがする？　それともお金が無いように感じる？　自分はお金をクリエイトできるという感じがする？　それともお金をクリエイトなんてできないと？　自分は多分その 5 倍はやっていて、2, 3,000 ドルは手に入れていたのに、使っちゃってたんだ。そして君に言ったんだよね、シモーン。「このツールは使えないよ！　本当にこうしたいんだ。本当に自分のお金の状況を変えたいんだ」これがまた自分への要求でもあっ

たんだ。「このお金を保管しておいてくれる？　僕の 10％を取っておいてくれる？」

「僕が頼んだとしても、返さないで」とも言ったわよ。

でも何度か返してって頼んだよね。

そう。だから「ダメ」って言ったら「何だと?」って言ったわ。

「何でだよ!」って思ったな。多分あれは 2-3 年前で、あれから手を付けていないよ。だから 10％はどんどん成長し続けている。今銀行にある程度の金額があるから、もうお金がないという感じはしないね。

聞いてもいいかしら？　自分はお金を持っていると実感するには、その 10％アカウントにいくら必要だった？

最初は 1 万ドルだったと思う。それからその額に達して、3 万ドルになった。それから 5 万ドルに。でもある程度の金額に達すると「うわあ。お金あるじゃない。では、他には何が?」って感じるよね。まずそこが始まりで、借金から抜け出すための第一のヒント。次は自分の経費を全部書き出すこと。僕たちは数か月おきに行って、そこにクリスマスプレゼント代を毎月の経費に足してるね。そうすればクリスマスがきたら、プレゼントや食事、家族が来た時などに 1,000 ドル、2,000 ドル、3,000 ドル使うかもしれないけど、それも出費だから。

一度クリスマスに 8,000 ドル使った年があったのを覚えてるわ。ですから「うわあ、クリスマスに 8,000 ドル!」とならないように、それを 12 で割って…

そして毎月の出費に加える。

毎月の出費をどうしているかについて、もう少し話してもらえる？

オーケー、学校に通っていたのが遠い昔なら、紙に書き出す。それほど昔でないのなら、エクセルのスプレッドシートに入力する。僕は使いこなせないから大嫌いだけどね。シモーンは…　他の皆みたいに僕はコピー＆ペーストが出来ないんだ！　でも項目をこんな感じで書き込んでいくんだ。「車：車体登録費、ガソリン代」など。家：家賃やローン。それから水道代、電気代、子供のため、教育費、衣類など。それから個人的なもの。自分の衣類代など、お金を使ったものはどんなものでも一つ残らず書き込む。それが生活費だから。それが皆さんの体が要求するものだから。だから毎月分でも、毎週分でも好きなように全て書き出して、じっくり見つめる。例えば週に 1,000 ドル稼いで出費が 1,500 ドルだとしたら、それって機能してる？　500 ドルの赤字でしょう。怖くなって「わかったよ、出費を抑えなきゃ。生活の質を落とさなきゃ。娯楽も控えなきゃ。もう夕食に出かけられないな」と思うんじゃなくて、「わかった。では今この 500 ドルかそれ以上をクリエイトするために、自分の人生に何を追加する必要があるだろう？」という方に目を向けるんだ。自分の人生から取り除けるものじゃなくて、追加できるものに目を向ける。

最初にこれをやった時の額を覚えている？　どんな感じだった？

全然覚えてないな。でも…　正直数字は覚えていないけど、それほど多くなかった。明らかに自分の稼いでいる額を超えていたのは覚えているよ。大幅に自分の稼ぎを超えていたな。生活費にいくらかかるのかはっきりわかっていなかったから借金する羽目になったんだ。例えば 1,000 ドル使うとして、自分がもし週に 1,000 ドル稼いでいたとして、そして出費は 2500 ドル、どんどん借金が増えて行ったとしても、僕にはその理由がわからなかった。管理が下手なのか、ユニバースが…　神様が僕を嫌っているからだと思っていて、「神様、どうして僕を愛してくれないの？」でもそんな教育を受けていなかったから、これを書き出した時に「ああ、だから借金ができたんだ。自分の出費をカバーできるだけのお金を稼いでいないからなんだ。」と思った。だからこうすることではっきりしたんだよ。「わかったよ。自分が稼ぐべき額より、1,000 ドル、1,500 ドル下回っているんだ」と。ここで選択だね。自分が好きなことを人生から全て切り捨てることも、または「ではもっとたくさんのお金を稼げる、どんなものを今日人生に追加できるだろう？　他にはどんなものをクリエイト

できるだろう？　他にどんな収益の流れがあるだろう?」と問いかけることも。

**　借金がある状況を変化させ、お金を生み出すために、他にはどんなツール
や問いかけを使った？**

　問いかけは貴重だよ。ユニバースが提供してくれるから、問いかけはする
必要がある。直線的な、手順を踏んでこうだからこうなるってものじゃないんだ。
僕はその直線的なものとして育ってきたけど、問いかけを始めて、何かを求
めれば姿を現し始めるのだと気付いたんだ。ある程度までは「これが姿を現
すためには?」実際に問いかけする必要がある。そしてそうなるという信頼を
自分の中に持つ。そうなるという信頼をユニバースにも持つ。僕にとっては
そういうものだったから。自分の人生は変わるとわかっていて、問いかけして、
これまでとは違う選択をすればそうなるとわかっていた。どのように、はわか
らなかったけど、でもそうなったんだ。

　また「お金の何を憎んでいる?」「お金を持たないことの何を愛している?」
とも問いかける。「でもお金は嫌いじゃないよ。お金は大好きだけど、持って
ないんだ」と思って抵抗したくなるかもしれない。もしお金を持っていないの
なら、お金を愛していないんだ。そして僕が自分自身に対して冷酷なまでに
正直にならなければならず、「うわあ、お金を持たないことを愛している何か
がここにあるんだ」と思ったのがここだったんだ。だから自分自身に問いかけ、
そこに目を向け、「これは妙なポイント・オブ・ビューだな。これを変えるた
めには?」と認める意欲を持たなくちゃならない。

　もう一つの問いかけは、「お金のために、自分がしようとしていないことは
何だろう?」。多くの人たちはお金のためにならこうこう、こうして、こうする
ものがあるけど、世界中のお金を手に入れて自分が望むものを全て創り出
し、手に入れることを心から望むのなら、必要とされることは何でもする意欲
を持たなければならないからなんだ。ここで僕がわかったことの一つがこれね。
そしてもう一つ僕が目を向けたのは、自分の世界にこれだけ要求するという
金額を持たないといけないということ。これほどまでに大きく自分の人生を変
え、そうする中でお金を持ち、そして望むものを全て手に入れるのなら、何

が必要とされても僕は何でもするぞという気持ちを持つこと。多くの人たちが、必要とされていることをしようとしていないのがわかる。

　何かをクリエイトするために必要なことは何でもする、ということについて話していますが… 初めてあなたがアメリカに行った時はエコノミークラスだったわね。初めてオーストラリアからイタリアに行った時は、随分長い距離だったけど、エコノミークラスだった。そして今はプライベートジェットで旅行しているんだけど、こんなことが可能だと思ったことはあった?

　いつもそうできるってわかっていたよ。でも可笑しいことがあってね。初めてのアメリカ行きは、コスタリカでの7ディクラスのためだったんだ。銀行に貯めておいたお金が1万ドルあった。「ビジネスクラスでアメリカに行って、このクラスを受けるんだ」と思っていた。そしてビジネスクラスのチケットの価格を見ると、アメリカ往復で6,000ドル、すなわちそのクラスに乗るには十分なお金を持っていたんだよ。僕は「やった」と思ったね。それからそこに目を向けてこう思ったんだよ。「どうしてこれを選ぶんだろう。今1万ドルある。エコノミークラスのチケットは1,000ドルで買えるし、クラスを受けてもまだ5,000ドルある。もっとたくさんのことをしたり、もっとクリエイトしたり、またはお金に少し自由を感じるためのね」お金を持っていれば、より多くをクリエイトするための自由があると、お金に関してわかっていたから。お金がないところからクリエイトするより、お金があるところからクリエイトする方がもっとたくさんクリエイトできる。だからそこに目を向けたら「バカバカしいな!」と思ったんだ。お金を持っているように見えればもっと稼げる、そんな妙なポイント・オブ・ビューを持っていたんだ。でもこのビジネスクラスで旅行できれば、13時間のフライトの間はお金持ちのようにでも、どのようにでも振舞える。僕はこんな風に見たんだ。「わかった、ここではもう少し現実的になる必要があるな。a) 自分のお金に対する見方と b) お金の使い方にね」

　でも実際には選択肢があったのね。自分のお金を全て使い切ってそうすることもできたのに、そうではない選択をした。

　初めは何度もエコノミークラスに乗ったよ。自分がビジネスクラスに乗りた

いことは分かっていたけど、飛行機に乗り込んで、ビジネスクラスに乗っている人たちを見て「うわあ、この人たちを見てよ。お金持ちだね」とは思わなかったんだ。そんなことはしなかった。飛行機に乗りこんでは「あれを手に入れるぞ。何があっても。あれを手に入れるには何が要るだろう?」と思っていた。そう思って自分の席につき、フライトを楽しんだ。様々な航空会社のマイレージを貯めてアップグレードを受けた。ビジネスクラスにアップグレードしてもらって、「これはいいや! 自分の人生にもこうなって欲しいんだよ。それに必要なものは?」と思ったんだ。まとめると、要求して、問いかけする、それが姿を現すために必要なことだった。

お金はどこから来ると思っていたの? それが現れるのをどのように見ている? お金へのポイント・オブ・ビューを変えてからの数年間で、何が変化した?

今君が言ったように、お金に対するポイント・オブ・ビューの変化が第一かな。あなたのポイント・オブ・ビューがあなたの現実を創るから。直結、そのまま。もし1時間20ドルの仕事を週に40時間するというポイント・オブ・ビューを持っていたら、800ドル、それが自分の稼ぎの全てになる。それだけ。自分が得るもの、することがそれだけだと思っていたら、その通りになる。これが自分の稼ぐ額だという結論に至った瞬間、それが人生に現れる。でももし「わかったよ。週40時間の仕事に就いた。一時間は20ドル。週に800ドル。悪くないよね。これが最低ラインだ。これで家賃も食費も他のものもカバーできる。では他にはどんなことが可能だろう? 他にはどんなものが創り出せるだろう? 他にはどんな収益の流れを得られるだろう?」繰り返すけど、これは問いかけね。どんな時でも。もし問いかけを始めれば、もし毎朝目覚めて最初にすることが「仕事に行かなくちゃ」と思うことではなく、ポイント・オブ・ビューを変えることだったとしたら、「素晴らしい。これから仕事に行くけど、他にはどんなことが可能だろう?」というところから機能している。僕が保証するよ。その問いかけに真摯に取り組んで、「どんなことが必要とされても、これまでとは違う人生をクリエイトして、これまでとは違うお金の流れをクリエイトする」というポイント・オブ・ビューに真摯に取り組めば、半年以内にこれまでとは違う経済的現実を得ると僕が保証するよ。保証するよ!

初めてあなたに出会った時、あなたはタイル職人、オーストラリアでは Tradesman（職人）と呼ばれるもので、他の人とビジネスを営んでいたわね。たくさんの収益の流れをどのように創り出すようになったのかについて少し話してもらえる？ あなたが人生に創り出しているものも尽きないようだし。あなたの収益の流れには終わりがないみたい。そこについて話してもらえる？

まず僕が目を向けたのは、以前は週に5日、5日半、または6日ハードに働いて「やっと日曜日だ!」と横になってテレビを見て、ビールを飲んだりしていた。君に出会った時も同じようにしていたのを覚えている。でもそこを見直さなきゃならない時に来ていたようで、自分の人生を見つめて満たされているか、自分が創り出しているものに本当に幸福を感じているかを改めて見た時に、そうじゃないことに気付いたんだ。飽き飽きしていた。そこで「じゃあ、他にはどんなものを人生に追加できるだろう?」と考えたのが、今自分が目を向けているものは、自分は本当に望んでいる…?というところ。僕たちにはお金がある。家に帰ってすっかりリラックスする。家に帰って、ジェットスキーを楽しんで、くつろげる。自分はそれでいいのだろうか？ ずっと続くはずはない。たくさんのことをしていなきゃならない。自分の人生を創造しているなら、僕はハッピーだ。ただぼーっとしているだけなら、ハッピーじゃない。ジェットスキーに乗っている時なんかはとても楽しいけど、それだけじゃ十分じゃない。9時から5時までの仕事を持っているだけじゃ十分じゃないとわかっていた。日曜日にただぼーっとビールを飲むだけじゃ十分じゃないとわかってた。皆さんもそうに違いないと言っているわけじゃないけど、もしそれだけじゃ十分でないのなら、見直す必要がある。最初の問いかけは「忙し過ぎる」や「もう他のことなんてできない」じゃなくて「他にはどんなものを人生に追加できる?」。忙し過ぎるというのは嘘偽り。前進して。そして「いや、忙し過ぎるんだ」「こんなことはしたくない」と思ったら「これは本当に自分のポイント・オブ・ビュー？ それとも誰か他の人のもの?」と問いかけるんだ。

私たちは株のポートフォリオを人生に追加しました。最初の頃のあなたのポイント・オブ・ビューはどんなものだった？ そして株のポートフォリオで大きな成功を収めるために、何を変えなければならなかった？

株は興奮するね。あれほど素早くお金を稼げるものがあるなんて、本当に興奮するよ。11歳か12歳の頃にTABという、オーストラリアのギャンブル場に行ったのを覚えているんだ。馬に賭けるところね。父が僕に1000ドルの現金と、僕に賭けて欲しい馬のリストを渡してくれた。そこに行って馬に賭け、父の賞金を集めた。父がお金を全て失うと酷い親になったけど、そうでなければ3－4本の賞金を受け取り行かせてくれたんだ。「すごい簡単じゃない！」と思ったね。だからこんなにすぐにお金を稼ぐのは楽しい。株も同じ。「本当に、自分のアウェアネスを使ってこんなにすぐにお金を稼げるの？」だから株が好きなんだ。「もしこれを買ったらお金を稼がせてくれる？　イエス？　ノー？　イエス？　イエスなの？　わかった、じゃあ買おう」

**　ええ、実際に私たちはこの株のポートフォリオがとてもうまくいって、たくさんの配当を売って、クイーンズランドのヌーサの川沿いに家を買えたわね。安い買い物ではなかったわ。**

　僕たちはすごく安い株を買った。ボロ株を大量に買ったんだ。実際にはその株が高い時にも買い、安い時にも買ったけど、とにかく安い時に大量に買った。そして最近それがえらく値上がりしたんだよね。そうなることがわかっていたから。その株を買って、買って、買い続けた。皆。「止めなよ、絶対頭おかしいって！」って言い続けた。僕たちの経理も、友人も、家族も「もうおよしなさいよ。持ち金全部突っ込むつもりなの？」と言っていた。僕たちがしたことは何？　株を買い続けた。どうして？　上がるとわかっていたから。だから僕のポイント・オブ・ビューは、もし他人が言うことではなく、自分の経済的現実をクリエイトすると分かっているものと進むとしたら？

　例えばあなたが会計士と話して、会計士が「これは安全だからあなたはこうするべきだ、ああするべきだ、これをするべきだ」と言ったとする。他の誰もが知らなくて、あなたがお金についてわかっていることは何？　もしくは自分で認めようとしない、お金についてわかっていることは何？　では自分自身に「自分で認めようとしない、お金についてどんなことを知っている？」と問いかけてみよう。そして「わかった。じゃあどんなことを実行に移す必要がある？」と。「すごいね、ユニバース！　お金について僕が知っておかなければ

ならないことに関する、このアウェアネスをくれたんだね。では?」と問いか
けよう。「これが姿を現すためには何をどうしたら?」「何をする必要がある?」
「誰と話す必要がある?」「これが実現するために、何を実行する必要がある
だろう?」このような要求を自分自身にしなければならない。もし人生に変化
して欲しいのなら、しなければならないのはこれなんだよ。

　アクセスが僕に教えてくれたことの一つが、「自分は知っている」ということ。
「自分は知っている」なんて僕は思ってもみなかった。それを知るために本
を読むんじゃないんだ。ただ知っているんだよ。自分で問いかけするなら「で
はこれについて自分は何を知っているだろう?」そうすると何かが浮かんでくる。
「わかった」そしてその方向に向かう。こうじゃないよ。「彼女がこうしろって
言ったからこうしよう。そしてあの人がああしろって言ったからああしよう」違
うんだ。回答ではなく情報を得るために人々に質問しよう。

　**ブレンドン、今日は参加してくれて本当にありがとう。何か追加しておきた
いことはある?**

　一つあるかな。お金は歓びについてくる。歓びはお金についてこない。お
金を含む、人生のあらゆる場面で歓びを手に入れたいのなら、お金はそれに
ついてくる。パーティを開いて、お金も招待した。そしてそこにはドリンクも
ないし、ダンスもないし、笑いもないし、楽しむことも許されていないと言っ
たとしたら、お金はそのパーティに来たいと思うかな?　だからお金を招いて
いるあなたのパーティが「ねえ、一緒に楽しもうよ!」というものだとしたら?
　もしお金がエナジーで、楽しみの中にお金を招き入れる意欲があるとしたら、
あなたの人生により多くを得られる?　それとも少なくなる?

ギャリー・ダグラスへのインタビュー

ジョイ・オブ・ビジネス　インターネットラジオ番組「借金から楽しく抜け出そう！　ゲスト：ギャリー・ダグラス」　2016年9月5日分より

　ギャリー、あなたのお金に対する見方、お金に持っていたポイント・オブ・ビュー、お金に対する今のポイント・オブ・ビュー、それをいつも変える意欲を持っていたという点で、私が出会った最も刺激となる人の中の一人です。そしてもちろんあなたはアクセス・コンシャスネスの創始者です。ですからここで私たちが話しているツールは全てあなたから来たもので、私だけでなく、何十万人もの人たちのお金に対するポイント・オブ・ビューを実際に変える手助けをしてきました。どうもありがとうございます。

　ありがとう。それを手に入れるためには、自分のお金に対するポイント・オブ・ビューも変えなければならなかったんだ。

　あなたの子供時代について少しお話してもらえますか？　どんな家族だったのですか？　お金がありましたか？　お金について教育されましたか？　あなたにとってお金とはどんなものだったのでしょう？

　私が育ったのは「男は仕事、女は家事と育児という家庭」世代。それほど「ヤラない」世代ね。話題にはのぼるけど、それほど実行しないという意味ね。私が育ったのは、これ以上はないほどの中流家庭。例えば家具がボロボロになったら、それを捨てて代わりになるものを新しく買い、同じ場所に置いて何の変化もなく、いつも同じ。しわができるまでラグを使って、それから新しいラグと交換する。置き場所を変えたり、別なものに変えたりしない。同じ場所に同じものがずっとあり続ける。そしてある時、母が誰かの前で私にこんなことを言ったんだ。「ギャリーはお金を持てないと思うのよ。だって友だちに全部あげちゃうんですもの」というのは、私はお小遣いを50セントもらったら、それを持って友だちにパイやコーラなどを買ってあげるから。当時はこんなものがとても安かったんだよ。漫画は5セントで買えたんだ。だから物事に違

う見方をさせてくれる。当時50セントは大金だったから、50セントもらったら、友だちのためのパイやコーラ、もちろん自分の分も買うために使って、楽しい時を過ごしたかったんだ。すると母親に「もし真剣にとらえず、他人のためにお金を使い続けたら、お前は一生お金を持てないからね」と言われた。「だって楽しいんだもん！」私はそう思ったね。

当時お母さんはあなたに何を教えようとしていたのでしょう？　もっとお金を貯めることでしょうか？

とにかく何かあった時のためにお金を貯めておくように。母と父は大恐慌の時代に育ったので、彼らのポイント・オブ・ビューはお金は使うべきではない、持っているお金は大事にしなければならない、いつもできるだけ出費を抑えなければならない、そしてどんな境界線も超えてはならない…それは自分が持っているお金よりも高いものは決して選んではならないという意味ね。面白い話があってね、父はちょっと賭け事をする人だったので、1942年に私が生まれた時、サンディエゴのパシフィックビーチというところに住んでいたんだ。そして電車で少し上がったところにラホーヤという小さな村があって、そこは今サンディエゴでも一番の高級エリアの一つ。父はラホーヤの今ダウンタウンになっている一画を600ドルで手に入れるチャンスがあって、600ドルの貯金はあったのに、母が頑として買わせなかったんだ。母はいつも「ダメダメ。もっと貯まるまで待たないとダメ」と言っていた。何でもいつでも待つ。創り出す前には待つ必要があると信じていた。

ではダグラス家の典型的なディナータイムはどんなものでした？　夕食の席でお金について話すことは許されていましたか？

いや。お金の話なんて出来ないよ。野蛮！　お金の話なんてしない。可笑しいのが、お金がある人のポイント・オブ・ビューは「お金の話なんてしてはいけません。下品だから」でしょう？　貧乏人にとってお金は野蛮で、お金持ちにとっては下品？　それが理解できなかった。どちらも良くないじゃないか。家族がこんなことをやっているのを見るのはとても面白かったよ。母が作ってくれるサラダがね…　お皿の下に一枚レタスを敷いて、そこにパイナップル

の輪っかを置くんだけど、その輪っかを小さくカットしてまとめて突っ込んで、マヨネーズを入れて、その上に細かくしたチーズを散らすんだ。それがうちのサラダ。そしてパイナップルのスライスが3枚入った小さな缶からサラダを4つ作るのに、3枚の内から1枚パイナップルを取り出して、サラダを4つちゃんと作るんだよ。何とか食べるものがあるようね。ずっと「どうして?」と思っていたね。それから母は私にブロッコリーのようなものを食べさせようとして、私が「食べたくない!」と言うと母は「飢えた中国人の子供がいるのよ。全部食べなさい」と言うんだ。だから「これを中国に送れるかな?」と言った。これは怒鳴られたね!

あなたが子供の頃、このような「何事も安全に」のエナジーに囲まれていて…ご両親は大恐慌を経験したと言っていましたね。このようなことが周りで起きていて、そのポイント・オブ・ビューを鵜呑みにしたところはありましたか?
**　それとも自分は他の人とは違っていると分かっていましたか?　それはあなたにとってどんなものでした?**

いつも面白いなと思っていたのは、クリスマス時期になると、家族で街のお金持ちが住む地域を周って、そのきれいなクリスマスツリーを見て周ったこと。そういう家にはみんな中が見える窓がついていて、見事なツリーが飾ってあったから。そこを家族で見て周ったんだ。今では家を装飾しているライトを見て周るだろう。「うわあ、あんなことができるなんてすごいな」と思って、私は「あんなツリー手に入る?　あんな家が手に入る?」と言うと、両親は「ダメよ。このお金持ちはこんなことをしてもハッピーじゃないんだから」と言っていた。私は心の中で「やってみてもいいかな?」と思っていたね。

では子供の頃、一般的にみんな幸せとはお金を持つことではないと思っていたのですか?

ああ、お金は幸せを運んで来てはくれないよ。母は「お金はお前に幸せを買ってはくれないんだよ」と言っていた。「じゃあ何を買ってくれるの?」と言って、何が買えるのかが知りたくなったんだ。すると母は「お前には買えないよ。お前には買えない。お前には買えないんだよ」と言うんだよ。とにかく自分

たちに買えないものばかり。何を買えるのかは頭にないんだ。そして楽しみと言えば、両親はとても貧しかったので、週末にお金持ちの家を見て周ることが娯楽。オープンハウスだね。私は家の中に入っては「この家が気に入ったよ。ここに住める?」「ダメ」「気に入ったんだけど…」「ダメ」じゃあどうして見に来ているんだ? 手に入れられないのなら、どうしてそれを見るんだ?

そして私のポイント・オブ・ビューは「手に入れる方法を思いつけるならともかく、手に入れられないものをどうして見ているんだ?」になってきたんだ。

最初から自分のポイント・オブ・ビューを持っていたのですか? いつからお金に対してのポイント・オブ・ビューを変え始めたのですか? そしていつ自分は他の人とは違っているとわかったのですか?

まず第一に、こんな生活はしたくないと気付いた。私には裕福なおばがいて、サンタバーバラに住んでいたので、たまに遊びに行ったんだ。彼女は素敵な陶器、クリスタルのグラスや銀食器を持っていた。そしてそういうもの全てが彼女にとっては普通のことだった。お店で 1.70 ドルのペストリーをいくつか買うのなら、彼女はベーカリーに行き 6 ドルでペストリーを 6 つ買う方を選んだ。私は「いいなあ! あんな生活がしたいよ!」と思ったね。彼女はオペラを聴き、まさに生きることの優雅さ - エレガンス・オブ・リビングというものを持っていた。そこで私はこう要求した。「あのね、こんな生活を手に入れたい。これが手に入れたい生き方だ。美しい音楽が欲しい。美しい住処が欲しい。食事の時に使う美しい食器が欲しい。美しい家具が欲しい」我が家では、実用的でないなら不用品だったからね。

私は両親がお金を使おうともしないものにいつも驚かされたよ。私が子供の頃は 2 本立ての映画があって、両親は 25 セントのその映画に行かせてくれたんだ。その映画が彼らにとっての子守ね。私抜きで両親は楽しく過ごせるから。そして両親は私一人にまだ小さい妹を押し付けたんだよ。2 本立ての西部劇だよ。妹と二人分でポップコーンを少しとコーラのスモールを 1 杯だけ。だってそれしか買えなかったから。特別に 10 セント余計にもらえる時もあったので、チョコミントが買えたな。それは 1 か月に 1 回ね。

お母さんが「お前はお金を持てないだろう、友だちに使ってしまうから」と言った時、私はそれを（お金を使うことではなく）その時あなたが機能していた「気前の良さ」のことだと理解したんですが。あなたはいつもできる限りのギフトをしています。制限なく。人生にもっとお金を創り出したい人にとって、気前の良さはどれだけ重要だと見ていますか？　それがどんな影響を与えるのでしょう？

　気付いたのはね、友だちにパイやコーラをあげると、多分その糖分のせいなんだろうけど…　まず友だちがハッピーになるんだよ。これが一番ね。それから二番目、そうしてあげると彼らは家にある、私が好きかもしれないと思うものをいつもくれたんだ。当時私は漫画が大好きだった。すると友人はいつも読み終わった漫画を私にくれるから、私は漫画にお金を使わずに済んだ。漫画はもらえるけど、私は友だちにパイをあげる、すると友だちは私に漫画をくれる。結局パイに使わないで自分のお金を全部使ったとしても、その金額以上の漫画を手に入れたんだよ。

　ギャリー、アクセスであなたが話すことの一つがギビング＆テイキングと、ギフティング＆レシービングの違いです。そのことについて少し話してもらえますか？

　もし心を込めて何かをギフトして、そこに全く期待を持たなければ、思いもよらないところから自分にもたらされると気付いたんだ。友人にパイをあげた時、漫画はその友人からもらったけど、他の人たちからももらっていたことに気付いた。近所の人たちにとって私は本当に可愛く見えたんだろうな、実際そうだったし。いつもその人たちから特別なギフトをもらっていたよ。私がしてあげていたのは、間違って入っていた郵便物をその人に届けるようなことだった。でも時間やエナジー、私のこのスマイルを惜しげもなく使っていたせいか、いつも小さいギフトをもらっていたよ。あの頃はこれくらいしかあげられるものがなかったし。8歳か9歳だった。それくらいしかあげられるものはないだろう。だからあげられるものがあるからそれをあげると、そうしない時よりも人はもっと多くのものをくれるのだなと。そして両親のポイント・オブ・ビューの他にも何かがあることがわかってきたんだ。

いつも気前のいい父が気をもんでいるのを一度だけ見たことがある。それは十分食べ物がにない人を見た時だった。私たち家族はまるで食べるものがないかのようにしていたのに、父はいつでもその人に食べ物をあげていた。でもね、家にはいつもデザートがあったんだよ。肉もポテトもサラダもデザートもいつもあったんだ。そして毎食食べていたんだよ。母は農家の出身なので、人生に対する彼女の見方がそういうものだったんだ。

　父方の祖父は祖母を捨てて家を出て行った。父は .22 ライフルを買う方法を見つけてその銃を使い、ウサギを仕留めては一家の胃袋を満たしていたんだ。祖父が家族を捨てて出て行き、祖母と 6 人の子供は自分たちで生活をしなければならなくなったので、父は祖父を憎んでいた。それで父は死ぬほど働いた。そうしてくれたお陰で、私たちは食べ物がなくて困ることはなかった。そしておじもおばも大学に行ったのに、父は行かなかった。これはすごいことだと思うんだよ。でも父は家族を養うのに忙し過ぎて、全く勉強できなかったんだ。父は毎日疲れ切っていた。彼はまた素晴らしいアスリートで、そういうことには長けていたのに、お金の創り方は学んだことがなかった。父が祖父から得た唯一のアウェアネスは、家族は養わなければならない、人には食べさせなければならないというものだった。そしてそれが、お金に関する父のポイント・オブ・ビューの全てだったんだ。

　そのようなポイント・オブ・ビューに触れてきたので、私が家族を持った時に一番やりたかったのもこれだった。でもまた「ちょっと待て。自分は気前よくあることで、たくさんのお金を創れてきたのではなかったか?」という気付きもあった。そして父が何も持っていない人たちに対して気前よく振る舞うのを見たし、またその人たちが他では見たことがないような親切、気遣い、思いやりのギフトを持って父のところに戻ってきたのも見ていた。私の両親はそういう点はずば抜けていたんだよ。彼らを両親に持ったことが本当に喜ばしいね。母は優しく、父も優しかった。二人共私たちに酷いことなどしなかった。殴られたこともないしね。鞭で打たれたことは人生で 3 回あったかと思うが。両親は私たちの面倒を見ようと、できるだけ最高のことをしてあげようとし、そして私たちにいい人生を送って欲しいと願っていた。そしてそこで気付いたことが一つ。自分の両親を認めている人はほとんどいないんだ。そうい

う人たちは、親が与えてくれなかったことに注目する。そして親が本当に与えてくれたことには注目しない。私の両親は、自分たちにできる中で最高のことをしてくれていたことが身に染みてわかったんだ。だからおばの家に行くとこう思ったものだよ。「こんな暮らしがしたい。何が必要とされるとしても構わない、こんな暮らしをするんだ」と。

人々はお金に関して両親、祖父母や一緒に育った人たちのポイント・オブ・ビューを絶え間なく鵜呑みにしていることがわかりました。実際に自分の経済的状況がどうなるのかと問いかけはせずにね。そこであなたにギフトされたものをどのように抱いているのかがわかりました。それでもまだ自分自身のポイント・オブ・ビューを創り、お金に関して自分自身の見解を創っているのがわかります。

ええ、随分小さい頃から問いかけしていたよ。「僕がそれを手に入れられないってどういうこと?」「どうして? どうして? どうして?」母が「お願いだからそうやって質問するの止めてくれる?」と言うと「わかったよ。どうしてうちは…?」私が黙っていられたのは、大体 10 秒半だけだったね。

何も変わっていないんだよ。今もそのまま。いつも問いかけている。そしていつも問いかけしていた。それは何かを目にすると「どうしてこんなやり方なんだろう?」と思うから。友人が「お前には手に入れられないって。できっこないって」と言うのを見て、私が「どうして?」「だって出来ないから出来ないんだよ」「どうしてできないって? こうやればいいじゃない。ほら、出来たよ」と言う。するとまた友人は「そうだね、でもあれは出来ないよ!」って言うんだよ。
「どうしてできないの?」と質問していたね。権威を疑おうという風潮が大きい時に育ったんだ。でも自分は何でもかんでも質問して、誰よりも権威を疑おうという風潮が特に強い時に育ったんだ。

どんな実践的、実用的なツールを与えられますか? どんな問いかけでも、お気に入りの問いかけ、ツールでも。お金に関する自分の見方を創っていくようなものはありますか?

私が子供の頃に初めて思いついたのは、「じゃあ必要なお金を手に入れる
ために、何をしなきゃならない?」だった。この問いかけを始めたんだ。思えば、
両親は私に職業倫理を叩き込もうとしたに違いないな。二人共働きづめだっ
たので、職業倫理があったに違いないよ。「じゃあお金を稼ぐために何をした
らいい?」と言うと「じゃあ芝を刈ってくれる?」と頼まれる。私は体の小さい、
痩せっぽっちな子供だったんだ。そして近所に行っては「芝を刈りましょうか?」
と言うと「いいよ。いくら欲しいんだい?」「いくらでもいいよ」すると1ドル
くれる人もいれば、50セントくれる人もいた。私は「やった!　50セントもらっ
たぞ!　1ドルもらったぞ!」自分には、いくらもらうべきだという考えがなかっ
たんだ。多くの人のように「もっと稼ぐべきだ。もっと手に入れるべきだ。もっ
と必要だ」といった結論的な現実は持っていなかった。「やった!　これもらっ
たよ。それで次は?」と思っていた。

では、感謝からもっと多くがやってきたということですね?

　そう。もらったという事実に感謝した。そして友だちにパイをあげた時、そ
の感謝に気付いたんだ。私と体へのエナジーに貢献となる感謝が彼らにはあ
り、そしてそれは他の時には感じられないものだったんだよ。そして人が働
いている時、何かをしている時にはそれが感じられなかった。それが心から
欲しいと思ったよ。

**もう一つあなたが話していることで、その考えを是非理解したいところなの
ですが、人々の現実を拡大するためにお金を使う。この気付きを最初に得た
のはいつですか?**

　これは随分後になってからだな。本当に「そうだよ、俺はヒッピーみたいだな、
全然お金持ってないよ」から「もういい。麻薬の売人になって金を手に入れ
てやる」というような酷い時期を過ごして来たからね。そこで大麻を育ててお
金をたくさん稼いだけど、ハッピーにはしてくれなかった。大量にクスリをやっ
ている知り合いが刑務所に入る羽目になっていることに気付いて「俺は刑務
所には行きたくない。もう止めよう」と思った。私はいろいろな人のために働
き、正しくするためには何でもやり、何でも正しくやり、変なやり方で気前よ

くしている時はいつでも、実に見事なことが起きたんだ。20代の頃のことを覚えている。乗馬学校で働いていて、その時馬に乗っていたんだ。そこには神のように金持ちの女性がいて、美しいサラブレッドを持っていた。そして彼女は優雅で、いい車に乗っていた。私は部屋と賄い付きで一日5ドルの稼ぎだったんだよ。まあそれでその彼女が彼女の馬の仕切りの前にいて、タックボックスに腰かけて泣いていたので私が「どうしたの?」と声をかけると「お金がないの。全然ないの。お金が本当にないの。どうしていいかわからないのよ」「じゃあ夕食に誘ってもいいですか?」こうして彼女を夕食に連れて行ったんだ。その夕食は25ドル、私の稼ぎの5日分だよ。そして彼女が化粧室に立った時、彼女の小切手帳がかばんから床に落ちて開いてしまい、その口座に47,000ドルもあるのが見えたんだ。

「信じられない! ちょっと待てよ。彼女のお金がないってのは5万ドル以下ってことなんだ」しばらく話をしてから「それでね、君の小切手帳が見えちゃったんだ。どうしたらお金がないって思えるの?」「お金が5万ドルを切ったらお金がないってことなの。5万ドル持ってなきゃならない、そうでなきゃお金がないの」「ああそうなんだ」と思ったね。自分は100ドルを切ったら「お金がない」だからね。

人それぞれとらえ方が違うということですね。

そう。

あなたがDr. デーン・ヒアと書いた「お金は問題じゃない、あなたが問題だ (Money Isn't The Problem, You Are)」と言う本ですが、この本の中にあるツール全てが、私を借金から抜け出させてくれました。お金に関する自分のポイント・オブ・ビューを変えていったからです。自分のポイント・オブ・ビューを変える必要がある、これはほぼ命令ですね。お金をどう見ているか、お金とどうあるのか、お金について自分自身をどう教育していくのかを変える必要があると。

そこは一番大切な部分だよ。あの口座に47,000ドル、更に2万ドルの馬を持っていた女性と会った時、自分はお金がなくて何も買えず、クラブハウ

スの中の部屋に住み、稼ぎは一日5ドル、でも自分が大好きなことをしていた。この女性は自分が好きなことをするために、かなりのお金を使っていることに気付いたんだ。自分は好きなことをするだけの稼ぎはほとんどなかった。「じゃあ、これまでとは違う現実を手に入れるには？」と思い、「これまでとは違う現実を手に入れたらどんな感じ？」と問いかけを始めた。楽しむためのお金をたくさん使えるように、自分のお金を創り出して、彼女のようになりたかった。楽しみたいけど、いくらかのお金も欲しい、そしてその時から状況が変化していったよ。「あのね、これは変わらなきゃいけないよ」と問いかけた。あなたがしなければならないことはただ一つ、自分の状況を見つめて「もう十分だ！　これを変えなきゃならない」と要求することだと思う。ただそうして自分の態度を示す。だってそういうものだから。自分の態度を示すこと。そういうポイント・オブ・ビューを持つだけ、これはシモーン、君が「もういい。借金から抜け出すんだ」と言った時にしたことだね。まず自分の態度を示すと、自分のニーズに合わせて世界が調整を始めるようなもの。見事だよ。

世界、それ自体が調整を始めると言いましたね。これは私が最初の頃に聞いたことですが、「一体何のことを言っているのかわからないわ」と思ったんですよ。初めて聞く人は皆そうだと思います。「世界、それ自体が調整を始める」ことについてもう少し話してもらえますか？

ええ、最近 Dr. デーン・ヒアと私は牧場を購入したんだ。日本に行って初めて神戸牛を食べた時に「これがもっと食べたいな。これをもっと手に入れるには？」と思った。すると日本では、ある種の牛だけが繁殖用に飼育されているとある人が言っているのを聞いた。その後、オーストラリアのような国でその牛が飼われていることがわかったので、「アメリカでは手に入るかな？」と問いかけた。そこで友人がネット検索したら、アメリカ国内でその牛がいるところを見つけ、私のためにその牛を7頭見つけてくれたんだ。「うわあ、こんな牛が手に入るなんて嬉しいな。本当に可愛いよ」と思ったね。黒くて美しい牛だよ。優しくて穏やかで、素晴らしい生き物なんだ。食べるのが嫌になるよ。

その人に牛を買いに行ってもらったんだ。5日後彼から電話が来て、「あの牛を7頭見つけたよ」と言ったので、7頭全部購入した。「7頭以上で6,500

ドル」だったので「一頭 1,000 ドルもしないんだ。買おう」と思ったんだ。

　　ギャリー、あなたが絶え間なく創造しているのがわかります。それが創り出していく豊かさや富を見ているのではなく、自分が創り出せるものに注目しているのですね。

　　そう。最悪のシナリオでも 8 年間は食べられるなと見積ったよ。8 年間牛肉を食べ続けられるんだよ…

　　多くの人たちは豊かさを得られるとは思っていないし、富を得られるとも思っていません。あなたがとても小さいベッドルームに息子と住んでいて、食べるものはコーンフレークしかなかったと言っていましたね。

　　ベッドルームじゃないよ。クローゼットだよ。本当に他人の家のクローゼットに住んで、息子は隣でフォームマットの上で寝ていたんだ。私の服はクローゼットの反対側に吊るしてあって、その反対側で生活していた。お金がなくて、コーンフレークと牛乳しか買えなかった。いずれにせよ、当時私の子供たちはそんなものしか食べなかったし。その人のクローゼットを間借りするのに、週に 50 ドル払っていたんだ。

　　それから自分のためにどんな要求をしたのですか？

　　「もう十分だ。もうこんな暮らしは二度としない。何をどうしても絶対に。俺は金を稼ぐ。金を手に入れる」と思った。その直後に全てが変化したんだ。私は昔からアンティークが大好きだったが、何かを売りにこのアンティークショップに行ったんだ。そこで「あなたのお店には素敵なものがたくさんありますね。でももっと展示を工夫する必要がありますね」と言うと、そこの女性は私を見て「誰かやってくれる人を知っているの？」と言うので、「ええ、私出来ますよ」「いくらでやってもらえるかしら？」うーん「一時間 25 ドルで」それは当時私が稼いでいた額よりも遥かに高かったけど、まあいいじゃない？
　　するとその女性は「もしうまくやってくれるなら 35 ドル払うわ」「わかりました」 こうして彼女の店に行って、展示品の並べ替えをしてあげたんだ。する

と翌日5つもアンティークが売れたんだよ。その5つは2年も前からその店にあって、そしてその2年間に何度もお店に来ていた人二人に買われたんだよ。「これって新しく入ったもの?」とその人たちが聞くので、私は「そうですよ!」と答えたんだ。すると「これはうちにぴったりだと思うな」と言っていた。ここで展示について学んだことは、物を動かすと人の目には違ったものに見えるということ。別な角度からのライトが、商品に違う効果を創るから。自分の人生をこういう風に見つめるんだ。「自分をもっとうまく売り出し、もっとたくさんのお金を創り、人生により多くの可能性を得る、このようにより多くを創り出すために、自分の人生の何を動かす必要があるだろう?」そして「私の提供するものを購入し、私の言うことを聞いてくれる、これまでとは違う人たちの前で、自分がこれまでとは違うように見えるためには、どのように自分自身と人生をアレンジできるだろう?」最終的にこのような問いかけを始めると、その後起きて来ることに本当に驚かされるだろう。

では繰り返しになりますが、お金に関するポイント・オブ・ビューを絶えず変えているようなものですね。そして自分が大好きなことをする。あなたはアンティークを扱うことが大好きだから。恐らく無給でもその仕事をしたかもしれないですよね。

ただでしてあげたことがあったから、自分にできると分かっていたんだよ。

人生であなたが稼いでいた収入に、明らかに大きな差があったということですね。多くの人が「うん、私には家がある。チェック!」チェックボックスに印をつけます。「車を持っている」そこに印をつける、これでは創造を止めてしまっているように見えます。そのような制限を作らないために、どんなことが言えますか? またはどんなツールがあげられますか?

目を向けなければならない一番大事なところは、自分が設定しているのがゴールなのか、ターゲットなのかというところだな。随分前に「ゴール」という言葉は監獄を意味するということがわかったんだ。ゴールを設定してそれを達成し、自分でそれを認めなければ、まだ達成していないと思っているそのゴールを達成させるために、元の場所に戻ってしまうんだ。そこで「待てよ。

ゴールは要らない。要るのはターゲットだ」と思ったんだ。だからターゲットを決めて、そのターゲットに当たった瞬間、もう一度矢を構えてまた大金星を狙う。そして私は「絶え間なく変化できるようでありたい」と思っている。私にとって人生で一番大切なことは変化すること、変化がなければそこに創造はない。本当に人生を創りたいのなら、変化を始めなさい。

そしてその変化で、絶え間ない変化にある時にお金が姿を現す。富が現れる。

おかしなことだとはわかってるよ。

富（Wealth）とリッチ（Riches）の違いをどのように見ているのか説明してもらえますか？

富とは、あなたから他の人たちがいくらかのお金を出して買ってくれるものを累積していくこと。リッチとは、欲しいものを何でも買うために十分なお金があること。

本当に富を得たいのなら、どんなものであっても、今よりもっと価値が出るものを自分の周りに置きたいね。リッチが欲しいのなら、自分が欲しいと決めたものに十分お金を使って、買えるようになりたいものだ。私の知り合いでリッチを目指している人たちはみな、このようなものを購入して、そして突然もう何も欲しくなくなるんだ。実際に彼らは富を創ろうとしていたのではなく、リッチを創ろうとしているから。あなたが「ちょっと待て。富というのは、他人にとっても価値があるものを含むんだな。他人にも価値があって、そのために彼らがお金を支払ってくれるものって何だろう？」このように一度気付く。そして自分が人生でそういうものを手に入れた時、あなたが歩くところはどこでも、あなたがすることはどんなことでも、自分がお金を使えるリッチに関することではなく、人生の富に関することになるんだよ。

ということはお金ではなくて人生を作ることについてなのですね。実際に私たちが話してきた、気前の良さ、創造性、受け取る意欲、ギフトする意欲を創ることですね？

そして自分にも寛大になることを許すこともだね。私たちの多くは、自分自身には寛大にはならないから。自分をジャッジする時はいつでも、自分に対して寛大ではない。どういうわけか自分がおかしい／間違っているものとして見ている時はいつも、自分に対して寛大ではない。自分に対して寛大にならなきゃ。そしてそれは自分にいくらお金を使うかと言うことじゃないんだよ。いかに自分をケアするかということなんだ。

　何かに問題があると思っている人が多いが、そうじゃない。自分を制限し、自分が属するところに留まるようなことをさせ続けるために、自分で捏造するものなんだよ。そしてそれは自分の家族を見ていて気付いたんだ。彼らは同じところにいたがっていた。小さな家であれば、何でも管理しやすいからね。何でもコントロールすること。そして私はちょっと制御不能でいたかった。何か違うことをするものでいたかった。だから小さい頃から人とは違うことを創り始めた。そしてそれが、自分には人とは違うものを手に入れられる、人とは違うものを選べるんだと気付くための、人生での信じられないほど大きな変化だったんだ。だから私はそうしてきた。

　皆さんが物事に違う見方をしなければならないことはわかっている。そして目を向けなければならないのはこれだよ。「これについて正しいことは何だろう？　そして私がまだわかっていない、自分の正しいところは何だろう？」

　例えば私たちが乗馬に出かけたある日、君の馬の後ろを誰かが追いかけてきて、君の馬が怯えたことがあったね。そこで今日、それから何が起きたかについて説明してもいいかな？　私はこう言ったね。「ほら、『他の馬が後ろから走ってきたら、自分も走る必要がある』というポイント・オブ・ビューを馬が持っていることを理解しなくちゃ。馬はこのようにその体制に入るんだ。君は馬に乗っていて、馬をコントロールし、馬は走り出さなかった。それが間違ったことではないのがわかるかな？　それは能力の素晴らしいところだとわかるかな？　多くの馬は走り出そうとする。他の馬が走っているからだ。でも君は馬を走らせなかった。馬をちゃんとコントロールしていたんだ」君はよくやった。そうしたら君は震えだして、自分のせいのような気がして馬から降りてしまった。

今日君と話して、馬に乗っているのを見ていたら、まるであの馬が同じような事をするかもしれないかのように、馬に乗ることに狼狽しているのが感じられたよ。でもわかってもらいたいのは、君はあの動物と本当に素晴らしいことを成し遂げたということなんだ。馬好きな人たちは、君が良くやったことに対してほとんど何も言わないんだ。それはね、私は馬が大好きだけど、馬好きな人のことはそれほど好きじゃないんだ。なぜかと言うと彼らの多くは、成し遂げた良いことについてはほとんど話さず、間違ってしたことについてばかり話すから。そして私は「君がしたことは本当にすごいことなんだよ。それを分からなくちゃ」と言った。でも君は馬にしっかりまたがっていた。馬から落ちたりしないし、何も起きなかった。それにあの馬は君のことが大好きで、君の面倒をみてくれるよ。馬に乗る時に自分の世話をしてくれるように頼めば、いつだってそうしてくれるよ。

　私にその話をしてくれて本当にありがとう。自分を前に押し出そうとしないこと、自分により多くを要求しないということですね、どれだけそうしているのかに気付きました。そうはせずに馬を下りて「まあいいや」と言いますよね。

　ビジネスも止めてしまう。

　ビジネスを止めてしまう。お金を創るのも止めてしまう。何のために？　お金を失ったから？　何かが原因で赤字になった。マイナスになった。だから何？　もし今がそこを変える時だったとしたら？

　私は４回破産したことがある。あんなの最悪だよ。それで「もういい」と決めたんだ。本当のお金に関して人生の転換期を迎えたのは、55歳の時だった。家を失わないために、母親からお金を借りなければならなかったんだ。その前は、妻にお金の管理を任せっぱなしにしていた。「もういい。母親からお金を借りるだなんてもうごめんだ。バカバカしい。こんなものが現実になるには年を取り過ぎているよ」と思った。それから仕事をして、お金を創り始め、その時からずっとお金を創り続けている。もう目覚ましいほどに。それは「私は待たない。いつでも創り出す」という感じだ。妻を待ち、パートナーを待ち、何かを届けてくれる誰かを待っていた。今はもう誰のことも待たない。そ

の状況から抜け出して、今は自分のために仕事をしている。自分に敬意を払っているからだ。皆さんも自分に敬意を払わなければ。どうしてだと思う？　自分が正しくした時は、自分が間違ってしたことではなく、自分が正しくしたことに目を向けるんだ。「自分の正しいところ、まだわかっていない、これについて正しいことは何？」といつも問いかけていると、自分の人生を変えるだろう。難しいことじゃない。

　私（シモーン）が借金を抱えていた時でも、私はそれでもクリエイトし続けていて、私にお金がないなんて人にはわからなかったでしょう。今はお金があります。全く違うエナジーです。あなたが実際にお金を持っていた時、そしてお金を持っている時に変えたエナジーと、それがあなたに、そして地球に何を創り出したのかについて話してもらえますか？

　ええ。私はこのコスタリカにいるのが大好きなんだ。ここには私の馬がいて、ここの馬を買った。ある時、自分が馬に興味を持つ時は、いつもお金が２倍になるということに気付いたんだ。私が気に入ったものはいつも価格が２倍なので、他の人に買ってもらうようにしていたのに、それでもうまくいかなかった。その内の一人、ヒスパニックのコミュニティ向けに多くのことをしてくれているクラウディアが私に言ったんだ。「あなたは自分がリッチだってことに気付いてる？」「私はリッチじゃないよ」「あなたはリッチよ」「リッチじゃないって！　銀行に何百万ドルも持ってるわけじゃないんだから」「あなたはリッチなの」そこに目を向けて思ったんだ。「そうだ、自分はお金をたくさん稼いでいて、それが他の人にリッチに見せているんだ」あの 47,000 ドル持っていた女性と、一日５ドルだった私のようなものだね。彼女のリッチと私のリッチは別物だった。間違いではない。ただ違っていただけだ。だからこう問いかけなければならない。「ここで何を変えられる？　そしてもし変えられるなら、人生をこれまでとは違うようにどのように創り出せるだろう？」

　この問いかけをありがとうございます。もう一分あります。世界の人々に向けて何か他に言いたいことはありますか？

創造を始めて。待たないで。

　ぎっちりお金にしがみついていたら、それを失ってしまうだろう。それを失ってしまうと保証するよ。お金を握りしめていることはできない。お金で創り出すことだけができる。お金は世界の継続的な力なのではなく、創造的な力なんだ。

Dr. デーン・ヒアへのインタビュー

ジョイ・オブ・ビジネス　インターネットラジオ番組「借金から楽しく抜け出そう! ゲスト:Dr. デーン・ヒア」 2016 年 9 月 12 日分より

では借金があって、アクセス・コンシャスネスのツールを使って物事を変化させたのは私、シモーンだけではないことを実際に皆さんにわかってもらいたいというのがここでの趣旨です。お金に関するポイント・オブ・ビューを変え、お金の状況を変えた人たちがたくさんいます。その内の一人ですよね、デーン。

ちょっと言わせてください。最初にあなたに会った時… アクセス・コンシャスネスのワールドワイド・コーディネーターとしてあなたを迎えた時、僕もアクセスの共同創始者になり… あなたが自分のしていることを、本当に楽しんでいるのが僕にはとても興味深かった。僕はファミリービジネスの中で育ったのですが、家族はそのビジネスを嫌っていました。皆ビジネスが大嫌いだったんです。本当に彼らはお金を憎んでいました。そのビジネスを創り出した祖父以外はね。僕はその本当に変な経験、凝り固まったポイント・オブ・ビューを手放したんです。

今あなたが話したことから、まさに話を始めようと思っていたんですよ。お金についてどのように育ってきたのですか? リッチでしたか? 貧しかったのですか? 子供の頃、お金に関してどんな状況だったのでしょう?

子供の頃はほとんど…10 歳になる前は、母親と本当にスラムに住んでいたんですよ。スラムというのはですね…こう説明しておきましょう。僕たちが持っていたお金はこんな感じです。ある時トイレが壊れて、配管を直してもらうのに一か月待たなくちゃならなかったんです。修理に支払うお金がなかったから。その間僕たちがどうしていたかをお話しますね。本来ならトイレでしなきゃならないことを、毎朝裏庭でしていたんですよ。ね、クラシックでしょう? 多分お城の時代はそうしていたんですよ! 当時そんな感じだった一方、父方の家族は実際にお金を持っていて豊かだったのに、彼らは全く貢献してくれ

なかったんです。僕と母の生活を楽にするために、何かをくれようとは全くしてくれませんでした。これがお金に関する、本当に妙なポイント・オブ・ビューを植え付けてくれました。

あなたはお金について教育されましたか？　お金を持っていましたか？　お金について話すことを許されていましたか？

僕は 11 歳の頃から働き始めました。祖父がやっていたビジネスの、倉庫で働いていましたが、11 歳の子供に何ができたかって？　何でもできましたよ！　ただ場所を整え、掃除の手伝いをしました。必要なことはただ何でもやりました。あれは素晴らしい経験でした。そして夏の間ずっと働いて何百ドルも貯めたんです。僕はもうそれが嬉しくて、どこにでもそのお金を持ち歩きました。バッグに入れてね。休みに父と父の再婚相手と川に遊びに行った時に、継母がそのお金を見つけちゃったんです。僕は小切手を現金化して、「すごいや！」と思ってその現金を持っていたので、その何千ドルというお金を彼女が見ちゃったんですね。僕はお金を持っているのが好きだったので、全然使いませんでした。彼女は僕のバッグに手を伸ばして「こんな子供がお金を持っているべきじゃないわ。」と言ってそのお金を取っちゃった。その時 11 歳か 12 歳でしたが、その時点からお金を手に入れる意欲が失せましたね。明らかにその時から変わりました。ああ神様、ありがとう。

でも本当にこの事件が、僕の世界の中でお金の対立と混乱を創り出したんですよ。まるで自分はお金を持つべきじゃないんだ、という風に。まるでそれが悪いことかのように。そしてそれが、僕の人生の中で、お金が実に妙なものになった決定的瞬間の一つでした。それまでは、お金は楽なものだったんですよ。「うん、仕事に行ってくるよ」そして誰にも言わないでね、11 歳の時に週に 30 時間ほど働いていたなんてね。祖父のところで働いていたから全然大丈夫だったんですけど。でもお金に関して、僕の世界の中にはたくさんの混乱があったな。そして僕が 10 代になると、ファミリービジネスをしていたお金持ちの方の家族の事業が失敗しました。未来に目を向けようとせず、未来を創るための選択をしようとしなかったからです。

そのビジネスを創った祖父はどんどん疲れてきました。基本的に自分たちにあるお金を任せられていると思っていたおじと父を支えることに、祖父は疲れてきました。そしてビジネスは本当に失敗してしまったんです。そして面白いのは、両親の家族のうち貧しい方、トレーラーハウスでずっと育ってきたような、世界の反対側にいた方も、またもう一方の「豊かな」方も、お金で定義されていたんです。祖父の事業が失敗してお金を失った時、それはもう…！ それは想像できうる限り最大のトラウマ、ドラマでしたよ。それが何年も続いたんです！ 事実彼らはお金を全て失い、それからはお金を創り出せず、やりたいビジネスも創れず… 全くの大混乱でした。

その混乱について少し話してもらえますか？ 何があなたを混乱させても、それでもお金に関してご自身の現実を創ってきたように私には見えるのですが。

思うに僕たちの多くが実際にお金に関して自分自身の現実を持っていて、それは家族とも違い、育った環境とも違い、ボーイフレンドやガールフレンド、夫や妻、一緒に育った人たちや友人のものとも違います。でもそれ認めるための時間を、一瞬でも割いたことがありません。その違いを認めるだけでなく、そこにある偉大さを認めることにも。それは僕にとっては巨大なものでした。僕は自分が欲しいものを創り出すために、どんなことでもすることを厭いませんでした。必要ならばどんなに辛くても、いくらでも働く意欲がありました。そしてそこでやっとわかったんです… あなたと僕は一緒にこの旅を続けてきて、僕が制限を創ることを余儀なくされた道を何度も進んだのを、あなたは見てきましたね。でもお金と経済状況に関して、自分自身の現実に足を踏み入れた自分が、本当に大胆に物事を前進させ始めているのを見るのは興味深いです。

制限を創り、そしてお金に関して自分自身の現実を創るために、どうそれを変化させたのかの例を話してもらえますか？

お金を全然持ったことがない母方の家族は、少しでも手に入るとそれを無くしたり、浪費したりしていました。「フリーエナジーを創る機械を持ってるんだ。1万ドルちょうだい」と言うような人に「今5ドルしかないな。でも家族を皆

集めて、その貯金を持ってこさせるよ」と言って、なけなしのお金を使い果たすような感じでした。

僕は別のやり方で機能していました。僕はお金を持っているのが好きで、貯金していました。10%を取り分けておき、いつも自分にはお金があるのだと確認させようと頑張っていました。でも僕の家族が選ぶことは全て、僕の創造性を激しく制限したんです。可能性がそこにある時に、清水の舞台から飛び降りようとする僕の意欲を制限しました。

つい最近まで、僕はアクセスでもこのように機能していました。そしてみんなに分かってもらいたいことが一つあります。カオスと秩序は存在します。どちらが悪いということではないんですよ。お金に関することで得られるカオスの潜在性とカオス的な可能性を取り入れ、何でもコントロールしようとすることを止める意欲を持ちましょう。

一つ気付いたのですが、あなたはお金を創るためなら、どんなことでもすることを厭わないですよね。

ええ。あなたもそうしてみた方がいいですよ。起こり得る最悪のケースとしては失敗する、お金を全て失う、または物事がうまくいかないことでしょうか。そしてこの16年間、僕たちは何千ものことを試して来ました。特にアクセスは、巷にあるものとは大きく違っているので、できることはいくらでも試してみなければならなかった。巷にあるものは僕たちに効果がないからです。アクセスは素晴らしいギフトです。

リチャード・ブランソンが頭に浮かびますね。彼は現状を見渡して「流行はあちらに流れている。そして私が向かう場所はこちらだ」と思ったそうです。彼が創造したものを見てくださいよ。彼が入り込む選択をした一つひとつの業界の中に、彼は波を創りました。最低でも一つは知っています。彼が入り込もうとして、うまくいかなかったものは恐らく何百とあったはずですが、彼はただ「オーケー、じゃあ次に行こうか」こうだったのです。そしてここが理解する必要があるとても大事なところだと思うのです。「オーケー、これがうまく

いかないのなら、他にうまくいくことがあるさ」諦めちゃダメ。止まらないで。やめないで。屈しないで。そして誰にも自分を止めさせないで。そして本当に不可欠で大事なことは、お金に関する自分の現実を手にし始めるということ。そして僕の場合は、「お金（Money）」を「現金（Cash）」に変えた時、自分の世界のどこかで、どこか腑に落ちたことがあるのに気付いたんですよ。お金について話す人がたくさんいますが、それが一体何なのか全然わかっていません。そこで僕は、「オーケー、求めるものをお金（Money）じゃなくて、現金（Cash）にしてみよう。現金を創り出すことを求め始めよう」と思ったんです。それはドル札で姿を現すかな？　いいえ、ドル札じゃなくてもいいんですよ。でも「現金」という言葉を入れたら、自分には何かもっと具体的になったんです。ただコンピューターの画面に映し出されるものや、子供の頃から鵜呑みにしてきた妙な邪悪な概念じゃないので、それがこれまでにない可能性を与えてくれました。僕にはもっと創造的に感じられるんです。

　　私が頻繁に引用しているお気に入りの言葉は、デーン、あなたが言った「お金は歓びについてくる、歓びはお金についてこない」と言うものなの。そこでそれについて、最初にそれをどのように認識したのかについて話してもらえますか？

　　最初にそれを思いついたのがどんな状況だったのか覚えていません。僕が覚えているのはね、その貧しい方の一家4人で車に乗っていた時のことです。その車は真剣に修理しなきゃならなかったんだけど、誰も修理に支払うお金がなかったんですよ。そして僕たちの車はメルセデスの後ろを走っていました。コンパーチブルのメルセデスベンツね。その車を見てね、笑っちゃうんだけど、その車を見た瞬間「すごいかっこいいな！　いつかあの車を手に入れるのが待ちきれないよ！」と思ったんですよ。その時僕は多分10代の前半でした。家族の一人に向かって「あの車かっこいいね」と言ったんです。おばの一人がすかさず「デーン、ああいうお金持ちはハッピーじゃないのよ」と言いました。僕は一緒に暮らしている家族を見渡して、この人たちがいかに不幸せなのかを見ながら「うーん、さすがにこれ以下はないんじゃないかなぁ…」と思いましたね。

自分自身の人生でだんだんわかってきたことがありました。自分が落ち込んで、不幸せで、朝起きたくもない時、お金は入って来なかったんです。カイロプラクターをしている時に気付いたんですよ。自分が落ち込んで不幸せだと、人生と生きることへのエナジーと、生きることへの熱意がないと、あ、ところで最初はそれが理由でカイロプラクターになったんですよ。このエナジーを人々に届けたかったから。そして自分にそれがないと、誰もセッションの申し込みをしたくないらしいことに気付いたんですね。「あなたにあるそんなものを、誰が欲しいと思うの？」こう言う感じでした。実際そうですよね？　そこでわかってきたのが、本当に、お金は歓びについてくるということです。あなたがハッピーになればなるほど、もっとたくさんのお金を稼ぐでしょう。

　面白いですよね。大金持ちの多くが酷く不幸せなことを僕たちはみんな知っています。そこに注目してある時、僕は本当に恵まれていると思いました。どこに行く時でも大体僕はビジネスクラスで、ラッキーな時はファーストクラスで移動します。それが楽しいからです。それに払うだけのお金を持っていない時や、楽にその支払いができない時でも、ビジネスクラスに乗ります。そうすることが自分に多くの歓びをもたらしてくれると気付いたからです。そうすることが、もっとたくさんのお金をもたらしてくれることがわかっていました。そう感じたんです。みんなそうできるのに、子供の頃にそこを切り捨ててしまったのだと思います。でも僕が一つ気付いたことは…　もしあなたがお金のことで苦しんでいるのなら、または望むだけのお金を手に入れていないとしたら、欠けている要素の一つは人生の歓びなのかもしれません。そしてさっき話したように、欠けている要素の一つは、お金や現金と共にある歓びなのかもしれません。

　ビジネスクラスで移動していて気付いたことは、どれだけの人が怒り、イライラし、完璧に上から目線、もしくは馬鹿者で、自分はお金を持っているんだから、皆自分の言いなりになるべきだという態度を取っているかということでした。こういう人たちは「ハッピー」な状態ではなく、フライトアテンダントにも丁寧ではありませんでした。無料でドリンクをもらえるという事実に感謝していませんでした。僕はそれを見て「こんなものがどういうわけで存在できるのかね？」と思いましたね。この人たちは、恐らく他の皆が望むものを手にし

ているのでしょう。みんなが望むもの、すなわちお金が自分にはあると思っていますが、お金に伴う歓びがありません。そしてこのような人たちを本当にたくさん見てきたので、面白いのですが、わからないんですよ… いやわかりますよ、こんなのをたくさん見てきたので、この世界の大部分がこのように機能しているというのはわかります。でも実際に、僕にとっては本当にね、お金とはお金だけのことじゃないんですよ。最初に受けたクラスでギャリー・ダグラスが言ったことが大好きです。「ほらね、お金の目的って言うのは、他人の現実をもっと素晴らしいものへと変えることなんだよ」と言ったんです。僕は「これはいいなあ。同じようなポイント・オブ・ビューを持った人をやっと見つけたぞ」と思いましたね。

お金で人々の現実を変えることについてもっと話してもらえますか？ それはどのようなものですか？

僕はずっとそうしようとしてきたんですよ、本当にちっちゃい頃から。子供の頃ポケットにお金が入っていて、道端で物乞いをしている人がいて、もしその人がただやっているんじゃなくて、ただポケットを膨らませるためにやっているだけには見えなかったら、もしその人が本当に彼らの世界で必要としていたのなら、僕は「はい、10ドル」とあげちゃっていましたね。そして当時の10ドルというのは億単位みたいなものでしたからね。当時は、その当時はですよ！ 10ドルに本当に価値があった頃です。その10ドルをあげていました。「ほら、これがあなたの世界を変えるかもしれないよ」と感じたからです。そして面白いのは、この10ドルをあげるようなことをすると必ず、最低でも10ドルは戻ってきたんですよ。

もう一つ覚えています。道を歩いていました。お小遣いを20ドルほど貯めて、欲しかったキャンディを買いに行くところでした。欲しかったおもちゃもあって、その20ドルで欲しいものが25個くらいあったんですよ。もうどうしよう！
そういう時期がありましたよね？ まあとにかく、そうしていると一人の男性が近寄ってきて、彼の世界に「必要」が感じ取れました。「ねえ君、お金持ってる？」と彼に訊かれたんです。当時僕はまだ10歳にもなっていなかったかな。僕は「はあ」そして大きく微笑んで「持ってるよ。はい、あげる」キャンディ

もおもちゃも、今買いに行かなくてもいいやと思って、家に戻り始めたんです。まさに角を曲がったところで、地面に20ドル札が落ちていたんです。「うわあ、これってすごいな」と思いました。ですから、歓びがあなたに与えてくれるものは、人生と生きることのマジックの感覚なんです。本当にこんなことが起きるのに、僕たちの多くは忘れちゃってるんですよ。子供の頃はあったのに。でもそこに戻れれば、お金は一番変なところから姿を現しますよ。

　そしてここで押さえておかなければならない大事なことだと思うのですが、持っているお金の額は関係ないということです。お金でどんなことをしても、そこからもたらされる歓びが大事なんです。僕にも同じことです。20ドル持っていました。その20ドルをあげちゃったんですよ？

　まさに気前の良さですね。気前の良さと、それが何を創り出すのかについてもっと話してもらえますか？

　僕が初めてギャリー・ダグラスに出会った時、彼はそんなにたくさんのお金を持っていませんでした。僕たちがどこかに行って何かすると、その彼の気前の良さのせいで、彼を億万長者だと思ったでしょう。そしてそこなんですよ… お金、現金、贈ることに関してあなたにも持てる気前の良さ。そしてまた、世界の中でのあなたの在り方もまた、自分にお金と現金をもたらす方法の一つなんです。あなたに気前の良さがあれば、ギフトに対してオープンになるからです。そして僕たちは、ギフティングとレシービングが同時に起きることに気付いていません。多くはそれを排除しようとしてきました。それを「ギフティング」と「レシービング」に、または「ギビング」と「レシービング」に分けようとしてきました。もしくは、「ギブアンドテイク」というポイント・オブ・ビューを持っています。それがこの世界の機能の仕方だとわかっていますが、皆さんもそのように機能する必要はないんです。

　そしてあなたも僕も、アクセスチームのかなりの人たちにも、他の誰かに何かをギフトすることが歓びをもたらしてくれるという、この気前の良さがあります。素敵に装っている人を見ることが歓びをギフトしてくれるので「ちょっと君さぁ、今日すごく素敵なんだけど!」と言ってあげる、男性も女性も関係あ

りません。でもこうすることが、ユニバース自体からの受け取りのエナジーを創り出します。僕がユニバースと言う時、それはおとぎ話のユニバースという意味じゃないですよ。僕たちはみんなこのユニバースの一部だって意味ですよ、知ってた？　だからあなたに現金をくれるのはユニバースだけじゃない。現金は他の人達や場所からも入ってきて、その流入が起き続けるエナジーを創ります。そこにギフティングとレシービングの同時性があるから。ギブアンドテイクの世界じゃないんです。ただ私たちがそのように創ってしまっただけです。

お金がある家族と、お金がない家族、二つの家族について話してきました。その二つの家族のエナジーは違いますよね。どんな違いに気付きましたか？

　具体的に言うと、お金がない方の家族は、この貧困にプライドを持っていたように感じました。そして多くの人たちがそのプライドを持っているのがわかります。

　貧困にあるプライドというのは、絶えずお金を持つことを拒絶する人たちに見られる最大の問題の一つです。「私がどんな経験をしてきたかあなたにはわからない。どれだけ苦しい目に遭わなきゃならないか、あなたにはわからない」こういうもの。もう、そんなくだらないものを抱えている必要はないんですよ。それにどんな価値が？　ただ家族がそうしているからといって、あなたもそうしなきゃならないという意味ではないんです。

　そしてお金があった方の家族、こちらも悲惨でした。ライフスタイルがちょっとましなだけでした。祖父以外はね。最初にビジネスを創り上げたのが祖父で、実際に多額の現金とお金を創り出して、それを後に父、おじ、祖母と他の家族が使い切り、ゼロまで衰退させました。それを認識したことが僕の世界を変えましたね。祖父には気前の良さがあり、絶えずギフトすることを厭わず、そしていつもそれ以上を得ていたからです。

おじいさんについてもう少しお話してもらえますか？　どんなビジネスをしていて、おじいさんはどのような関わり方をしていたのですか？

　祖父は生まれつきの気前の良さがありました。子供の頃、ある日自分の成

績表を祖父に手渡したところ、「オーケー」と言って僕に 600 ドル渡してくれたんです。高校生の時でした。僕は目を丸くしました。だって僕は現金大好きですもん。お金が好きです。やった！と思いました。これはすごいや。その目を丸くしたまま「これ、何の分？」と訊くと、祖父は「お前が取ってきた A の分だよ」と。6 つの項目の内 A' を 6 つ取っていたんです。「ほんとに？」「ああ。お前が A を取ってきたら一つにつき 100 ドル、B だったら 50 ドルあげるよ」と言ってくれました。高校生活でずっと A を取り続けてきたのが誰だかわかりますか？

　面白いでしょう。そのことについて誰かに話してくれと頼まれない限り、何が人生に影響を及ぼしてきたのか全く気付きませんね。今がまさにそうです。自分が今手に入れられる経済的現実のかなりの割合が、自分が見た祖父の在り方から来ていると気付いて、今動揺していますよ。家族の誰一人として祖父の在り方を評価していなかったし、誰一人としてその偉大さを認めていなかったけど。その部分では、祖父は本当に偉大なものを持っていたんですよ。その気前の良さに僕はただ圧倒されるだけでしたし、また現金やお金をあげることを厭わない。それも無益なものにただあげるようなことはしませんでした。あげたものが誰かの現実を変える時を知っていました。ギャリーと同じポイント・オブ・ビューを持っていたんです。

　祖父が僕の高校の初めての成績表に対してしてくれたことが、僕が実際に頑張りたかったこと、選びたかったことを示してくれて、そして結果的にほとんど A を取ったんですよ。高校で 2 回 B ＋を取ったことがあるかもしれません。でも他は大体いい成績でした。それがやる気を出させる理由のひとつではありましたが、自分はただお金のためにやっていたのではありません。僕にあるこのギフトを認めてくれて、僕を見てくれて、そして価値を見出してくれる人がいたからやったんです。父と継母に成績表を持ち帰って見せても、二人はそれに目を通しては「あ、そう。じゃあ見たってサインしておくよ」と言うだけで、そこには何のエナジーもありませんでした。「うわあデーン、よくやったね！　お父さんたちはこんな成績取ったことないよ！」とは言ってくれなかったんです。ですから祖父がしてくれたことで、もっと頑張ろうと思えました。そして繰り返しますが、僕たちもお金を使ってこのように… 人々にもっと頑張

ろうと思わせるような貢献ができるんです。

お金に関するエナジーが何を創り出せるか、そして何を創り出せないかについてのアウェアネスを得た、決定的な瞬間はありますか？

面白いですよ。祖父は自分のビジネスを「ロボット工学」と呼んでいました。人はその名前を見て「ロボットがあるんですか？」と言い、祖父は「いいえ、そう言う訳じゃないんです」と答えていました。オフィスのサービス機器を扱っていました。祖父は若い頃からその必要性を見出し、誰もそのようなビジネスを始めていない頃にこのビジネスを創り、そしてタイプライターやコピー機などが使われてきた時代に、多くのクライアント、銀行、施設などと取引していました。コンピューターの時代になったので、祖父はそこに参入しようとしましたが、当時のビジネスにしか興味のなかったおじと父は「いや、そんなのは僕たちには無理だから」などと言いましてね。彼らは未来を見ようとしなかったんです。これが祖父にあったもう一つのものですね。未来に目を向け、自分の選択がビジネス的にも個人的にも何を創り出すのかを見通し、そして最高の結果を創り出すためにできることをする意欲がありました。

そして多くの人に見られるのは、第一に自分にその能力があることに気付いていないということです。そしてその多くは、彼らが一族の経済的現実に囚われているからだと思います。でもその一方、ある時おじはキンコスのようなビジネスを実際に創りました。それはアメリカ国内だけでなく、今は世界中のたくさんの場所にありますよね。キンコスは場所を借りたい時、コピー機が必要な時、コピーしたい時、バナーを印刷したい時などに使えるワンストップサービスです。おじはキンコスが始まる15年ほど前に、実際に創っていたんですよ。でもおじはお金を持たないこと、自分をダメにすること、失敗するという自分の固定観念の正当性を証明することにコミットし過ぎていました。今なら時期を早まっていたとも言えるでしょう。実際にそうでした。しかしおじが祖父のようなやる気を持っていたなら、あなたは今億万長者と話していたかもしれませんよ。彼は実際に世界中の誰よりも先にそのコンセプトを創ったのですから。

本当に多くの人たちが、家族のポイント・オブ・ビューに囚われていますね。

あなたはそれを鵜呑みにしていましたか？　自分自身の現実を創っていましたか？　家族のポイント・オブ・ビューに囚われているところから、人々はどのように抜け出せるのでしょう？

　こういうところを全て経済的に見てみると、良いものも悪いものも、広がりのあるものも制限のあるものも、その両方から多くのポイント・オブ・ビューが来ているのがわかります。でも本当に必要なのは、今そこを超えて、あらゆる過去を超えていくことなんです。こういうことです。「そうか。自分はこれを母方からもらった、これを父方からもらった。この貧困の狂気が自分にはある。お金がある時にそのお金を持とうとせず、お金を失い、お金をダメにする狂気が自分にはある。でもね、それで自分は今日何を創り出したいだろう？」　ええ、僕はこれ全部わかりますよ。そして皆に本当にお勧めしたいのは、自分が子供の頃、周りにいた人たちからお金について学んだ、その素晴らしさを思い出して書き出すことです。実際に行動に移したことがなく、そこにあることを認めたことすらない、どんなアウェアネスを得ていたのでしょう？　そしてその制限はどんなものでしょう？　そしてそのリストを 10 回、20 回、30 回と読み返し、何の負荷も感じなくなるまで見ます。ここで必要なのは、過去を振り返って追体験し、そこを見つめて「なるほど、だからこんなポイント・オブ・ビューを持っているんだ。そうか。じゃあもう少しこのポイント・オブ・ビューを味わってみよう」ということではなく、「うわあ、そうか。どうしてこんなポイント・オブ・ビューを持っているのか、その理由の一部がわかったぞ。ここを超えていこう」と、そのポイント・オブ・ビューが制限なのだと気付くことだからです。

　こんなことは言いたくないのですが、このような過去からのポイント・オブ・ビューや、制限についての僕のポイント・オブ・ビューは「ふざけんな！」なんです。ええ、そんな暮らしをしていました。子供の頃に酷い虐待を経験しました。肉体的、感情的、精神的に。そしてずっと周りにいたほとんどの人が僕を憎んでいました。継母と、スラムで母親と暮らしていた家族です。うん、そうだね。そんな暮らしをしていたんだ。それで、次は何？　そして今日の自分の人生にどんなものを創りたい？　人生に 10 秒だけ残されました。ここから何を選択しよう？「こんなことがあったから、これからもこれを抱えていか

なければならなない」ではないのです。「過去はそうだった。では今、そこを超えていくために何ができるだろう?」こういうことです。

「そうだね、彼はこうした、彼女はこうした、でも自分の場合はどうなの?」と思っている人たちに渡せる実用的なツールは何かありますか? お金と人生に関して、人々がこれまでとは違うものを選ぶのを啓発し、励ますために何か追加できることはありますか?

もちろん。「シモーンの新しい本を買いましょう!」と言う時は真剣になりますよ! そしてこの問いかけを書き出すことをお勧めします。「過去からきているお金と現金に関することで、自分を一番動けなくさせているものは何だろう?」 もし小説を一冊書かなければならないようならそうしてくださいね。その後そいつを燃やしてしまうことも忘れずに。いいですか? それはあなたの過去なんです。そして目を向けてもらいたいことがあります。もしそうしたければ書き出してください。目を向けてもらいたいのは「私が生きていることで、自分に与えたギフトは何だろう?」 僕たちはそれをまるで呪いのように見てきたんですよ。そうじゃないのに。

お金をほとんど持っていない人たちがどのように機能するのか、僕には生まれながらのアウェアネスがあります。その人たちの不安感、切望、そして「自分には出来ない」という感覚に、生まれながらのアウェアネスがあります。では、この世界での僕の仕事は何でしょう? そんなところから人々が抜け出すようファシリテートすることです。ですからその生まれつき持っているそのアウェアネス、自分が経験した虐待がなかったら、それができるのかどうかわかりません。多分できるでしょう。でも今のやり方ではないでしょう。僕にとって適したやり方ではないだろうし、時に強烈なやり方にもなったでしょう。そしてまた経済的なことについてですが、自分の経験を考慮してみると、今世界に向けて自分がしていることを許可する、体験を話す場所を与えられているかのようです。そしてここで同じ時期にアクセスにやってきた何百、何千という人たちは皆、ここで「何か」することがあるように見てきました。皆がみんなここにいて何かをすることで、その人生がお互いの貢献となっています。そのギフトをほんの少しだけでもわかってくれば、物事は大胆に変化し始めます。それは自分が経験したことへのジャッジメントから抜け出し、そしてあなたは

自分が経験したことのギフトに目を向け始め、「ああ」と思うからです。そして
てまた別の問いかけです。「お金と現実を創り出すために、これをどう利用で
きるだろう?」

　　ということは、あなたは自分の子供時代、育った環境を利用し、文化、家
族など全てを自分に有利になるように利用しているのですね。

　その通りです。そして手にしているツールは何でも利用しましょう。もう少
し書くとしたら、「これまで想像した以上に多額のお金、もっとたくさんのお金
ともっとたくさんの現金を創り出すことを許す、他にはどんなツールとギフト
を自分は持っているだろう?」と書きたいかもしれません。他にも何でも書き
出しましょう。

　そしてクソ真面目になるな、という面もあります。僕たちはクソ真面目にやっ
ています。この番インタビューの初めの方で、軽さと、歓びからビジネスを営
むことについて話しました。あなたのビジネスの一つに「ビジネスの歓び」
があり、本もあります。僕が「ビジネスの歓び」について聞いた時、そして
あなたが歓びからビジネスを行っているのを見た時、本当にそうだなと思い
ました。クソ真面目にならないで。もっと楽しく。楽しいことをして、クソ真面
目にならなければ、これまで想像した以上のお金を創り出し始めるでしょう。

　　あなたは今成功して、お金があり、世界中で知られている人として見られて
います。でもあなたの本当の始まりはそこではありませんでした。自分の未来
の創造をどのように見ていて、そしてあなたはどんなエナジーで、それからど
んなエナジーにならなければならなかったのでしょう?　実際にもっと自分自身
になることに力を入れ、自分が実際にすること、そしてあなたになることのた
めに、人生により多くのお金を受け取り始めると決めた時、あなたは何を選択
したのですか?

　初めは、自分のカイロプラクティックのセッションを25ドルで提供していま
した。多くの人が25ドル支払いたいものといえば、まず映画でした。「ええ、
楽しかったよ。どうもありがとう」という感じで帰って行きました。そしてギャリー・
ダグラスが僕のオフィスに来て「君がセッションに請求している額は少なすぎ

るよ」と言いました。でも僕が彼にセッションをしたところ、彼は「このセッションで私の人生は救われたよ」と言ったんです。僕は「ほんとに?　僕が?」当時の僕の不安感は、計り知れないほどだったんです。この16年間ずっとですよ!　そして人々はある程度成功し、ある程度富があり、または自分が望んでいると思うものを何でも手にしている人を見ても、その人たちがそこに至るまでにどれだけかかったのかには気付きません。その人たちがどれだけミスを犯したかには気付きません。どれだけの不安感を彼らが乗り越えなければならなかったかには気付かないのです。

　だから僕が皆に言いたいことは、今自分の状況がどんなものだったとしても、とにかく始めましょう。そしてこの感覚を得ましょう。今稼いでいる額の、大体3倍、4倍を稼いだらどんな感じがするか、そのエナジーを自分の前に置いて、そのエナジーを得ます。そしてもしそうしたいのなら、世界中を旅しているのはどんな感じがするか、そのエナジーを得ます。もしくは、少なくとも旅する時間とお金を得たら、ですね。そのエナジーを得ましょう。支払いするためだけでなく、銀行や自分のマットレスの中、また自宅で保管するところどこでもいいです。そこに余分なお金がある、ある程度の富と経済的な豊かさを得るためです。

　そしてまた、実際に人々の貢献となる何かをしているのはどんな感じがするか、それは常に変化し、楽しい人たちと仕事して、本当に自分の人生と生き方を楽しむのはどんな感じがするか、その感覚を得ます。そしてそのエナジーの感覚を得て、それからそこに向かってユニバース全体からエナジーを引っ張り込みます。そしてまだ知らない、でもあなたのためにそれを現実化するのを助けてくれるだろう全ての人たち、そして物事に対してしずくのように少しずつエナジーを返します。これは僕が書いたビーイング・ユー、チェンジング・ザ・ワールドの中のエクササイズの一つですよ。そして本当に「あなた」あることなんです。もしこのようなものが全て姿を現すとしたら、そのエナジーになるあなたのユニークさとは何でしょう?　それからどんなものでもそのような感じがしたら、その方向に向かいます。そして人々が気付いていないことがあります。実際にその方向にガイドしてくれるものがありますが、それは実際に彼らのアウェアネスであり、もしそう望むのなら、あらゆるもの

とつながるものなのです。そしてとても興味深いのは、どうやらビジネスで成功した人たちは、これを自然にやっているらしいということなんです。そして彼らの多くは、エナジー的なことなどクソみたいなものだと思っています。「そう、でもあなたがエナジー的にやっていることですよ。」と僕が言うと、「そうそう、いや、違うよ。その『エナジー』って言葉を使うの止めてくれる？　ありがとう。」

　でもその感覚を得れば、それが進んで未来に向かっていくあなたを創り始めます。ですからユニバースの隅々から、それが本当に大きくなるまでエナジーを引っ張り込み、そしてユニバースに貢献してくれるように頼みます。そしてここが大切です。多くの人が、まるで自分の外部にあるもののように「ユニバース」と言っています。あなたもユニバースの一部なんですよ！　ですからユニバースとつながっている「ビーイング」のあなたを元にして、求めているのはあなたなのだと認める、それから現実になるように助けてくれるだろうあらゆる人、物事に向けてしずくを飛ばします。そうして、あなたは手に入れたい未来をエナジー的に創り始めています。その奇妙で素晴らしいところは、そのエナジーを創り出すための、ありとあらゆるパーツがやってき始めることです。しかしそれが現れた時に、あなたは受け取る意欲を持たなければなりません。

　そして僕がいかに家族を何とかしようとしてきたかを話してきましたが、そこに僕たちは向かってしまいます。だから何かが姿を現しても、それが「大きすぎ」て、問いかけではなく「うわあ、できないよ」と思ってしまったのです。そしてこれは次にやって欲しいことです。何かが姿を現したら「出来ないよ」ではなく「これをするためには何が要る？」と言ってください。これが本当の機能的なポイント・オブ・ビューです。自分にできないことや、自分が創り出せないことへの不安感の中にいるのではなく、「これを創り出すには何が要る？」というものです。

　ではあなたにはリアルなものとして創ってしまった不安感や理由、もしくは自分が創ったものを失敗だとみなしたことがあったということですね。デーン、あなたは何があろうともより偉大なものを常に選び続けているように見ています。

ええ、その通りです。新しい可能性が姿を現すと、人はやりもしないうちから自分には出来ないと自動的に決めてしまいます。ここが自分を激しく止めてしまうところです。あなたが僕の人生を見れば、ノーと言うだけの山ほどの理由があり、自分を止めてしまう山のような理由がありました。またそうできるはずがないという山のような理由がありました。でも僕はアクセスとアクセス・コンシャスネスのツールに感謝の言葉を述べたいんです。物事を変化させるための素晴らしいツールは宝物だからです。本当にありがとう。そしてあなたとの友情、ギャリーとの友情、僕を本当に支えてくれる友人たち、そして自分には制限があり、それを変えたいと気付く時にいてくれる人たち、皆さんに感謝します。自分の過去はもう二度と僕の未来を支配しないかのようです。そしてこれこそが皆にある最大の問題の一つだと思っています。「過去が未来を支配する」素晴らしい可能性が姿を現すと、「いや、そんなカオス過ぎるよ。手に余るよ」するとどうなるでしょう？　カオスは創造です。そしてカオスについてですが、僕たちはずっと秩序がいいことで、カオスが悪いことだと思い続けています。コンシャスネスは全てを含み、何もジャッジしません。だから僕たちはアクセス・コンシャスネスをしているんです。全てを含み、何もジャッジしないんですよ。

　言いたいのは、ここでちょっと目を向けてみると、内燃エンジン、車に動力を与えるものですね、あれはカオスから機能しています、エンジン内部の爆発が車を走らせます。カオスを完全に消そうとしたら、車はもう動きません。あなたの人生の車も同じことです。あなたを前進させるカオスと秩序の間に整合性を創るために、できるだけカオスと秩序を取り入れたいものです。そして僕がこう言うと、みんな「え、何だって？　意味が解らない…」と言うんですよ。

　でもここの良いところは、それがどのように働くのかを知る必要がないんです。でも姿を現すカオス、手に余ると思うこと、コントロール出来ないと思うものを避けようとしない意欲を持たなければなりません。あなたが次のステップに進むために必要なものが、まさしく制御不能になることかもしれないからです。

では「そうだね、この人にはできるけど、自分はどうやったらいいの?」と思う時に、どんな問いかけができるでしょう?

あ、わかってください。自分もできるかどうかわからなかったし、できるとは思わなかったんですよ。でも挑戦する意欲はありました。そして本当にそうしようと思わなければならないのは、やってみることです。起こり得る最悪の事態は、うまくいかないこと。ちょっと思い出してみて。やってみたけれどうまくいかなかったことが、他にどれだけあったでしょう? そしてもう一つ、自分の不安感、そして自分がノーと言ったところは一つ残らず過去から秩序付けようとしてきたところなんです。一つ残らずね。そこにもし目を向けて「ここで何かを秩序立てようとしている?」と思ってみたとしたら。

過去から秩序立てようとすることが、未来を創ることから自分を止めているのだと分かってください。

最後に他に何か話したいことはありますか?

あなたのポイント・オブ・ビューがあなたの現実を創ります。あなたの現実はあなたのポイント・オブ・ビューを創りません。これらのツールはあなたのポイント・オブ・ビューを変えるので、あなたの現実はこれまでとは違う形で姿を現すでしょう。お金に困る必要はありません。僕はあなたのためにここにいます。誰でもお金の状況を変えられます。あなたは成し遂げました。僕も変えてきました。そしてアクセスにやってきたたくさんの人たちが成し遂げてきたのを目にしてきました。でもあなたも本当にそうする意欲を持たなければなりません。その作業をする意欲を持たなければなりません。魔法のお薬ではありませんが、本当にすごい魔法の杖のように機能することもあるんですよ!

あなたは運命を変えられます。本当に。何でも変えられます。そしてもし本当のあなたであることがギフト、変化、そしてこの世界が要求する可能性だったとしたら? それを知るための選択をしていますか? それがあなたなのですから。

www.ingramcontent.com/pod-product-compliance
Lightning Source LLC
Chambersburg PA
CBHW011302210326
41599CB00035B/7091